MULHERES
CHEIAS DE GRAÇA

pe. FÁBIO DE MELO

MULHERES
CHEIAS DE GRAÇA

🌐 Planeta

Copyright © Padre Fábio de Melo, 2009
Copyright © Editora Planeta do Brasil, 2015
Todos os direitos reservados.

Preparação do texto: Márcia Benjamim
Revisão: Rinaldo Milesi
Diagramação: SGuerra Design
Capa: Compañía
Imagem de capa: © Diego Mendonça

CIP-BRASIL. CATALOGAÇÃO NA PUBLICAÇÃO
SINDICATO NACIONAL DOS EDITORES DE LIVROS, RJ

Melo, Fábio de
  Mulheres cheias de graça / Padre Fábio de Melo. – 2. ed.
– São Paulo: Planeta do Brasil, 2015.
  192 p.

ISBN: 978-85-422-0699-9

1. Mulheres 2. Contos brasileiros I. Título

15-0973   CDD: B869.3

Índices para catálogo sistemático:
1. Literatura brasileira - contos

2016
Todos os direitos desta edição reservados à
EDITORA PLANETA DO BRASIL LTDA.
Rua Padre João Manuel, 100 – 21º andar
Ed. Horsa II – Cerqueira César
01411-000 – São Paulo – SP
www.planetadelivros.com.br
atendimento@editoraplaneta.com.br

Para Beth Lagardère, que
com graça e leveza acendeu
vinte e uma estrelas dentro de mim.

Graça soberana graça
Praça onde se entrelaça a dor e a palavra
Verso do qual sou o inverso
Suplicante peço tua proteção.

SUMÁRIO

Amor profilático	11
A compulsiva	17
A convertida	27
Amor que amansa	35
Bilhetes e retalhos	45
Uma mulher de palavra	55
Miudezas	63
Fotografia	69
O desacato da tarde	77
Os amores e suas incongruências	85
A mulher que não sabia esquecer	93
A mulher e a velhice	99
Felicidades impróprias	105
A dona da funerária	113
A mulher e o tempo	119
A chaminé	125
A justiceira	133
Da vida, alheia	141
Do nome infeliz à infelicidade do dono	149
Amor inacabado	157
A sacerdotisa	163
A lei do amor	169
Alma em desordem	177
Cheia de graça	185

AMOR PROFILÁTICO

Escutou a palavra e notou que era bonita. – *Profilático* – repetiu. Sussurrava. Prolongava as sílabas. Não queria se desprender do gozo. Agia como se fosse escritora e naquele momento estivesse se exercitando no ofício de investigar a riqueza semântica do vocábulo.

"Profilático, profilático." Os olhos fechados pareciam procurar a direção das origens do mundo, dando-me a impressão de que aquela palavra recém-descoberta possuía o poder de lhe devolver ao estado primeiro das coisas, ligando-a novamente a um paraíso perdido, findado, porque esquecido.

O rosto testemunhava o espírito compungido. A fala mansa e repetida sem ansiedade era uma espécie de prece, palavra que ordena, direciona, redime.

Nesse ímpeto de encantamento e paixão pela palavra, ela resolveu concluir, ainda que absorta em inexata compreensão: – O amor que sinto por Jorge é profilático. – Repetiu a frase como se quisesse investigar os desdobramentos práticos daquele amor e quem sabe, assim, compreender o significado da palavra.

A doçura na voz emoldurava a expressão. Conferia-lhe um contexto de amabilidade nunca antes alcançado por outro vocábulo. A palavra a atingira e a afetava de maneira inesperada e surpreendente.

Eu também escutei sem entender. Mergulhei no mistério do desconhecido termo e não o quis por sua lógica. Acolhi a força sonora e musical, e só. Não tive coragem de perguntar, nem tampouco procurar saber, o que significava "profilático". Temia atentar contra a sacralidade do termo. Abracei a sonoridade e a assumi como verdade.

Amor profilático deve ser um amor cheio de profundidade, empenho, lisura. Manhãs de inverno e luz tímida de lamparina acesa. Mulher à beira de um fogão alimentado de lenha seca e café deslizando suavemente pelo coador de pano encardido.

A vida de um amor profilático deve ser assim. Coisas lindas costurando as feiuras do dia, cobrindo de bordados cheios de minúcias os avessos e suas ranhuras. Amor que recobre de brilho a estrutura opaca da existência e transforma o cotidiano da vida num acontecimento único, fato que não merece cair no esquecimento.

Profilático deve ser coisa bonita demais para que a gente possa compreender. Amor de romance, bíblico, fiel. Amor de Oseias, o profeta que, depois de traído, encontrou a traidora sendo negociada numa feira de escravos. O amor profilático o encorajou a comprá-la. Reassumiu como esposa a traidora perdoada e, sem muitas perguntas e respostas, levou de volta para casa aquela que do coração nunca partira. História mais linda neste mundo nunca houve.

As religiões nos ensinam que o nome de Deus é impronunciável. O motivo é simples. Ele é grande demais para caber num conceito. Decido, mesmo sem saber, teologizar: Deus é profilático. É palavra que não aprisiono. É mistério que prevalece a me sugerir belezas, bondades e oblações.

O amor é uma experiência religiosa. Disso não tenho dúvida. Heleonora ama com amor profilático. Amor que não cabe no tempo. Amor tão grande que a palavra não sabe dizer, assim como o nome de Deus.

"Profilático" tem uma sonoridade que aprecio, assim como aprecia também Heleonora, a ponto de adjetivar com ela o seu amor por Jorge. Ela sabe das coisas. O empenho do amante deve estar em nunca esgotar o mistério da criatura amada. Sobre isso, intuo. O amor não esgota o que ama. O amor sobrevive de saberes e não saberes. O que olho ainda não vejo. Olho com descanso de pausa, porque sei que o mistério ainda vai me sorrir. Eu espero.

As miudezas esparramadas pelos cantos de minhas lembranças me conduzem ao altar de minhas predileções. A memória é o campo do amor preservado. É nela que a autoridade do discurso humano encontra a raiz mais sustentadora.

O que falo de mim é fruto do que memorizei sobre o vivido. Por isso não posso prever o futuro, para o futuro ainda sou surpresa, assim como o amado o é para o amante. Sou o passado passando, ficando, misturando e congregando as frações miúdas do presente, futurando minhas causas e esperanças.

A vida é profilática. Afirmo sem saber. Afirmo sentindo. Tenho medo de consultar o dicionário e descobrir que "profilático" não significa o que sinto quando digo. Esta falta de conexão me faria mergulhar na dor profunda de não encontrar o que procuro. "Profilático" é uma palavra onde repouso o medo de morrer sozinha. Berço onde debruço minha orfandade de amor de homem e a faço dormir. Não me importa o significado que o dicionarista decidiu registrar. Ele não escutou a palavra no contexto da frase de Heleonora. Ele não viu o seu amor por Jorge. Não presenciou o tremor dos lábios no momento da confissão.

Ele não sentiu o que senti. Não acreditou no que acreditei porque não ouviu a voz tão crente da certeza que afirmava. O dicionário não é nada perto do amor que sentimos. Os termos estão todos lá, mas a vida, a verdadeira vida, está todinha aqui, neste espaço de não saber, neste espaço de só sentir, ignorante, mas vivo.

Eu sou a vida dos vocábulos. É em mim que eles se desdobram. Heleonora é profilática, assim como a palavra. Ela nutre nas entranhas de sua alma a solução de que o mundo precisa – o amor. A espera por Jorge; os lençóis brancos sendo quarados sobre a pedra da caixa d'água; a vassoura de piaçava levantando poeira, anunciando que a ordem das coisas ainda é possível; tudo é profilático. O amor, a parte, o meio, a totalidade. O todo do mundo se amontoando nos móveis simples da sala de estar, lugar onde nunca alguém está.

Na parede, o quadro e seu silêncio a segredar os gritos do passado. O amor conjugado no dia escolhido, entre tantos. O casamento mais pobre do mundo.

Nenhum luxo, além do amor entre os dois. Um bolinho de farinha de trigo recheado com calda de rapadura, e só. Noiva com vestidinho branco, tecido ralo de tão surrado, mas resguardando um corpo impregnado de felicidade nobre. Nenhuma grinalda na cabeça. Apenas o adorno de umas florzinhas miúdas, mas viçosas, recolhidas por gente que sabe apreciar as coisas bonitas que o mundo nos oferece sem preço.

O noivo e seu terno de defunto. Solução possível. São roupas que chegam entulhadas em sacos de linhagem. Doações feitas por pessoas desconhecidas. Caridade que viaja distâncias e que desconhece a serventia do que é doado.

Linalva, do centro assistencial, fez questão de recolher o terno e entregá-lo pessoalmente a Jorge. Nenhum arranjo foi feito. Os comprimentos não cumprem as obrigações. Ou porque sobram, ou porque faltam. Mas o que no quadro não falta é o sorriso que confirma o sacramento, é o amor profilático entre Heleonora e Jorge, a aura sobrenatural que repousa sobre a imagem e que o tempo não domina. A vida é assim. O que a matéria não supre o amor ajeita.

A vida vale a pena. Eu sei. O quadro na parede não se esquece de me dizer tudo isso. Já valeu ter vivido. Para ver esta pobreza de perto e saber que ela está costurada por um amor que tem nome esquisito. Encontrar gente feliz renova a minha fé em Deus.

A COMPULSIVA

A COMPULSIVA

O doutor Sucupira me disse que preciso curar meu desejo de compras. Eu o olhei com desprezo e já saí louca para comprar um vaso de Murano igualzinho ao que estava na sala de espera do seu consultório.
 Desaforo. Ele não é o meu psicanalista. A ele cabe o cuidado de minhas narinas, e nada mais. Acompanha-me desde a minha juventude. Fui procurá-lo com o único objetivo de desobstruir minhas vias aéreas. O assunto surgiu de repente. Caí na bobagem de dizer que já tinha em casa o remédio que ele havia recomendado, dispensando assim sua receita. Foi nessa hora que ele fez o comentário infeliz.
 Atrevimento da parte dele. Nunca lhe dei liberdade para interferir na minha vida. Ele que me examinasse, e pronto. Não tem nada que ficar bisbilhotando, palpitando na minha conduta. Saí de lá irritadíssima!
 Nunca considerei desordenados meus impulsos para aquisições. É fato normalíssimo na vida humana a necessidade de renovar, vez em quando, o estoque de bens materiais.
 Lucilda me acusa constantemente de ser exagerada. Acha um absurdo eu comprar três ou quatro pares de sapatos de uma única vez, mesmo que para a compra não haja ocasiões. Ela vive repetindo a mesma frase, como se fosse um mantra. Olha na minha cara por cima dos óculos, despenca aquele beiço e dispara: – Vai comprar pra quê?
 Outro dia, quando finalizava a compra de dois pares lindíssimos que gritavam pelo meu nome na vitrine da Sapataria Central, ela caiu na infelicidade de me fazer a tal pergunta. Tomada de um ódio mortal por ela, a ponto de querer comprar uma arma para fulminá-la em público, sem dó nem piedade vociferei, para que todos os que estavam na loja pudessem me ouvir: – Para pendurar nas orelhas!

Ah, tenha paciência! Com tanto problema no mundo e ela cisma de querer investigar as causas que me levam a desejar alguns pares de sapatos? Além do mais, é preciso que haja uma necessidade para eu querer levar os benditos da vitrine? Já falei com ela, mas não resolveu. Lucilda precisa fazer terapia. É amarga demais da conta. Há anos não a vejo sair para uma compra de roupas. Está sempre vestida do mesmo jeito. Aquela camiseta branca e sua eterna calça jeans, a mesma, desde que me entendo por gente. E, para completar a minha irritação, insiste em não tirar do corpo aquele colete de fotógrafo, verde militar, usando como justificativa o fato de ele ser muito prático, devido aos inúmeros bolsos que possui. Eu não aguento mais. Nossa amizade já está por um fio de cabelo; aliás, um fio submetido ao duro processo químico de uma escova progressiva. Fragilíssimo.

Conheci Lucilda na primeira escola. Sempre foi uma mulher sem graça. Nos tempos de menina, quando todas nós ostentávamos imensos laços de fitas nos cabelos, ela já se apresentava com aqueles cabelinhos mirrados e sem brilho. Os óculos pareciam fundos de garrafa. Para agravar ainda mais o quadro, era proprietária de uma merendeira com formato de elefante. Tudo aquilo lhe dava um aspecto terrível. Parecia um cachorro que havia caído da mudança. Ninguém gostava de dividir absolutamente nada com ela.

Acabou sobrando para mim. Desde aquele tempo carrego comigo esse fardo. Pobrezinha. Ela não descobriu o prazer que há nas aquisições, e por isso vive para reprovar minhas poucas iniciativas.

Engraçado, mas há compras que preciso confessar. Não resisto. São tão afetivas que as comparo a um ato de adoção. É como se houvesse um vínculo entre o objeto e meu coração. Já experimentei muito esse sentimento, sobretudo quando se trata de artigos de decoração. Tenho uma coleção imensa de porta-retratos. É como se fossem meus filhos. Eu os esparramo pela casa e deixo que eles ocupem os espaços vazios.

O interessante é que noutro dia experimentei pela primeira vez esse sentimento com uma peça de roupa. Nunca pensei que fosse me ocorrer um fato como esse, mas aconteceu. Eu estava dando uma olhadela nas vitrines da Galeria Escolástica quando me deparei com um vestido exposto num manequim. Fiquei olhando, olhando, quando percebi que dele saía uma voz que me dizia ternamente: – Mamãe, mamãe, mamãe. Leve-me pra casa! Eu nasci para ser seu! – Fechei os olhos e escutei ainda mais forte o seu apelo. Não pensei duas vezes. Entrei na loja e o adotei em dez vezes no cartão, sem juros.

Pode parecer uma loucura, mas a compra do vestido foi despertada por um instinto materno que tenho dentro de mim.

Outra coisa a que não resisto é uma boa liquidação. Seja do que for. Semana passada eu estava na Farmácia do Merivaldo e, após finalizar a compra de meus remédios para pressão arterial, a mocinha do caixa me ofereceu um tubo de *spray* anti-inflamatório. Olhou-me decidida e anunciou que estava na liquidação. Metade do preço! Fez questão de salientar.

Parei e pensei: "Ah, meu Deus! Não posso perder uma oportunidade dessas!". Não é sempre que se encontra um medicamento nessa pechincha. Pedi três tubos.

Ao chegar em casa, Manuelina me perguntou se eu estava com alguma contusão muscular. Para evitar que a prosa espichasse demais, eu já sentenciei: – Não estou, mas posso ficar a qualquer momento! – Ela deu uma entortada na boca, balançou a cabeça e falou entre dentes: – A senhora não emenda!

Manuelina é bobinha demais para entender o significado da expressão "oportunidade imperdível". Trabalha conosco há mais de quarenta anos, mas é muito boçal para que eu lhe diga os motivos daquela aquisição. Está acostumada a uma vida de restrições. Jamais poderia entender que boas ocasiões não podem ser perdidas.

Sinto um arrepio na espinha toda vez que escuto a expressão "queima de estoque". Costumam ser maravilhosas. Os preços caem vertiginosamente. Eu me antecipo. Gosto de ser a primeira a me plantar na porta da loja. Há muita coisa que sai praticamente de graça.

Outro dia peguei uma situação dessas num mercado de utilidades domésticas. Não havia nada de que eu realmente precisasse, mas fiz um grande estoque de presentes. É sempre bom ter uma coisinha em casa, caso surja uma situação que não nos permita uma saída rápida para comprar um presentinho.

O doutor Viana, meu psicanalista, não vê problema nenhum nesse meu impulso aparentemente consumista. Não tem uma sessão que eu não leve um agradinho para ele. A gente conversa muito. Já são doze anos de trabalho intenso que ele tem feito comigo.

O doutor Viana não confessa isso aos outros pacientes, mas ele também é bem chegado numas compras. Já me deu muitas dicas de lugares interessantes. Ele é danado. Descobre cada bocada! Gosta muito de ir a São Paulo fazer as comprinhas dele. Três ou quatro vezes por ano ele também dá uma chegadinha em Miami para renovar os estoques.

De vez em quando vejo a Valdirene desmarcando uma consulta na minha frente, enquanto espero na sala, dizendo que o doutor Viana não poderá atender porque estará num Congresso nos Estados Unidos. Ela me olha e, juntas, damos uma risadinha bem sem-vergonha. Congresso que nada! Ele vai é se esbaldar nas liquidações imperdíveis que os gringos fazem.

Essas extravagâncias já não posso fazer. Quem me dera! Meu poder aquisitivo não me permite. O máximo que faço é dar uma chegadinha no Paraguai uma vez por ano. Quase morro no meio daquela confusão. Já cheguei a sofrer uma taquicardia de tanto nervoso que senti. É muita coisa para tão pouco tempo. Um lugar daqueles merece no mínimo uns quatro dias para ser bem explorado.

O bom é que o doutor Viana me conta tudo o que faz lá no exterior. Horário não nos falta. Faço terapia duas vezes por semana. Ele me fala de algumas promoções em que só acredito porque ele me mostra todas as aquisições com as respectivas etiquetas.

Assim que chega de viagem, faz questão de levar duas ou três malas para o consultório e me mostra tudinho. Fico abismada de ver a bagatela que ele paga nos relógios que compra por lá.

O doutor Viana é espertíssimo. Vai só com a roupa do corpo e volta trazendo uma bagagem imensa de novidades. Fico até comichando de tanta vontade de abrir mala por mala e descobrir o cheiro das lojas que fica nas mercadorias.

É tão sedutor o aroma de um produto novo! Boas lojas estão sempre perfumadas. Na Alameda Félix Albuquerque está localizada a bonita loja de enxovais de Marieta Clemência. É tradicionalíssima. Trabalha com o que há de mais sofisticado em artigos de cama, mesa e banho. Sempre que posso dou uma espichadinha até lá. Corro os olhos em tudo e sempre saio com alguma coisinha. O interessante é que outro dia comentei com a mocinha atendente que a loja estava perfumadíssima, e ela já se antecipou, dizendo-me:

– Se a senhora quiser, poderá comprar o cheiro da loja! – Dito e feito. Comprei cinco frascos do tal perfume. De vez em quando borrifo a essência no meu quarto e durmo com a doce sensação de que faço parte da vitrine da loja, deitada naquela cama suntuosa, envolvida nos lençóis brancos de oitocentos fios. Um luxo.

Lucrécia, minha irmã mais velha, também acha que sou um pouquinho exagerada quando compro. Discordo. Sou equilibradíssima. E foi a terapia do doutor Viana que me deixou assim. Melhorei demais depois que comecei.

Posso até admitir que, antes, cometia um ou outro exagero. O que me expunha muito diante de todos era minha indecisão. Eu tinha mania de comprar uma mesma roupa em seis, sete cores diferentes. Sempre tive muita dificuldade de escolher. Diante da dúvida, levava todas. Hoje, não. Levo no máximo, no máximo, três, uma de cada cor.

Mas minha entrada na terapia não foi por causa de roupas. O fim da picada foi a compra de um jogo de sofá. Saí para fazer a aquisição objetivando completar um espaço na sala que sugeria um jogo de estofados. Fiquei muito dividida entre o preto e o marrom. Na dúvida, levei os dois. O problema é que não havia espaço para ambos.

Na hora da entrega foi aquela confusão. Somos três irmãs e moramos juntas, todas solteiras: eu, Lucrécia e Lolita. Os entregadores ajeitaram um jogo no espaço que existia e depois um deles me fulminou com a pergunta: – Coloco o outro onde, minha senhora? – Fiquei gelada.

Lucrécia se apressou em perguntar com aquela voz rouca de madre superiora: – Que outro? – Tentei explicar minha dúvida, mas não tive muito sucesso. Lucrécia ficou desequilibrada de tanto ódio. Atacou-me com palavras duríssimas. Por pouco não me arremessou a xícara com o chá que estava tomando no momento da entrega. Lolita ficou tão abalada que perdeu os sentidos. A sorte é que Manuelina ainda estava em casa e se prontificou a lhe trazer uma água com açúcar. O problema é que diante da confusão armada os rapazes descarregaram o bendito segundo jogo na entrada da casa e se mandaram.

Não gosto nem de me lembrar daquele dia. Foi no meio daquela confusão horrível que as duas me fizeram assinar um documento em que eu concordava em ser encaminhada a um especialista. Na semana seguinte eu já estava nas mãos do doutor Viana, sendo muito bem cuidada por ele.

Sempre achei que Lucrécia também precisaria fazer um tratamento com ele. Por razões diferentes, é claro. Vive tensa, aflita. Parece um fio de alta tensão. Diz o tempo todo que já acumula a soma de vinte e dois anos e trinta e seis dias sem saber o que é uma noite bem-dormida. Lucrécia tem obsessão por números. Sabe com exatidão a quantidade de noites que não dorme. Disso não posso me queixar. Nunca precisei tomar um comprimido para dormir. O máximo que já me ocorreu, sobretudo em ocasiões de viagens, é perder um pouquinho de sono pensando em uma ou outra coisinha que vi em alguma vitrine e não comprei. Fico angustiada até amanhecer o dia. O máximo que o doutor Viana já me receitou foi um chazinho de erva-doce para acalmar os nervos em situações como essa.

Outra pessoa que também costuma dar muito palpite em minha vida é o padre Teodoro. Mas com ele não me importo. Ele me dá broncas, mas reconhece a minha busca pelo equilíbrio. Ele é muito amigo de Lolita e está sempre em nossa casa para o café da tarde. As meninas adoram contar minhas histórias para ele.

Padre Teodoro é muito enérgico comigo. Quando vê que estou exagerando em alguma coisa, já me alerta com aquele bigode bravo que ele tem no meio da cara e me fala com aquela voz de trovão, arrastando a palavra: – Olha! – parece um bode velho.

Engraçado, mas sua presença me faz bem. Ele me recorda muito as maneiras de papai. O jeito de estar queito, mas presente. O gosto pelas torradas temperadas com ervas e, sobretudo, a maneira terna com que me olhava. Toda tarde ele está conosco, e quando não vem, sinto a sua falta. Ele é como se fosse da família.

Outro dia a Lolita nos confessou que estava muito aflita. Disse que o bispo estava querendo transferir o pobre do velho para outra cidade. Achei um absurdo essa atitude de Dom Rivelino. Foi então que, movida por um desejo imenso de impedir o acontecimento, resolvi fazer a pergunta que Lolita considerou absurda.

– Se a gente chegar um dinheiro no bispo, ele não vende o padre Teodoro pra gente?

Lucrécia me fulminou com os olhos.

A CONVERTIDA

E ram quase duas horas da tarde quando o extremo da bondade me atingiu. O sol escaldava a cidade sem nenhuma piedade quando senti um arrepio me subindo nas pernas. Um desejo de caridade me assanhou por inteira. Um desejo estranhíssimo, incompreensível, ilógico. Desejo de me oferecer para uma faxina completa na tapera asquerosa de Manoel Garça.

Fosse um banho no recém-nascido de Norma Congado e eu entenderia o meu impulso. Caridade de vez em quando faz bem, mas nada que beire a insanidade.

Uma coisa é sair de casa para uma caridade mediana na escala primorosa das misericórdias. Outra coisa é me prestar ao absurdo de enfrentar o mau cheiro daquele esconderijo. Ah, não, isso não. Um acontecimento desses sugere que eu estaria sendo vítima de um desequilíbrio psicológico.

Respirei fundo e o desejo persistiu. A imagem era viva. O vestido simples, talho de tecido pobre, o que nunca tive; o desinfetante de eucalipto, vassouras, rodos e baldes, e eu trabalhando como se fosse uma escrava daquele nojento.

– Meu Deus! – rezei, mergulhada em pavor! Assombrada, olhei-me no espelho da penteadeira do quarto. Contemplei-me com demora com o intuito de distrair-me daquele ímpeto de bom samaritanismo. "Um batom nos lábios e quem sabe esse espírito de freira abnegada me abandone", pensei.

Absorta no devaneio do instante, observei que, no espelho onde eu me via, existia outro reflexo além do meu. Um homem desprovido de face. Espectro que me fez relembrar os medos da infância. O frio na espinha, a pupila dilatada, o tremor nas mãos. O medo tem o poder de ossificar o que a mente imagina. Dito e feito. O espectro ganhou contornos, bochechas rosadas e sorriu pra mim. Era ele. Manoel Garça.

O infeliz saiu da tapera, invadiu minha casa e sentou-se ao meu lado. O cheiro veio junto. Imediatamente eu me desfiz daquela cena pavorosa com o gesto de me levantar. Sem o espectro no espelho, mas com o cheiro ainda atuante em meu nariz, dediquei-me a borrifar uma água-de-colônia no quarto ainda fechado. Abri as janelas, dei um nó nas cortinas e acendi uma vela sem razões religiosas.

Queria voltar ao mundo de cotidiano requintado. O café da manhã, sempre acompanhado de uma ou outra amiga do Lions; o almoço pouco calórico; o chá da tarde; a conversa que nos atualizava dos últimos costumes finos... De nada adiantou. Mais uma vez, ele, Manoel Garça, agora com as calças arriadas, tal qual na cena que marcara minha infância, por ocasião de uma visita escolar ao serviço de tratamento e abastecimento de água de Trindade de Freitas, quando passávamos pela porta de sua tapera, passagem inevitável para quem queria chegar ao destino que era o nosso. O velho asqueroso apareceu à porta com as calças na altura dos joelhos. Uma cena para nunca mais ser esquecida.

– Vista essas calças agora, seu imundo nojento, e saia imediatamente da minha casa! – Quando dei por mim já havia gritado. Um grito no vazio no quarto. Um grito real, tentando desfazer a ilusão, a projeção da existência. De nada adiantou. O ordinário continuava com as calças arriadas.

Corri para a cozinha. Ele foi junto. Mexi na geladeira. Reorganizei os ovos para que ficassem todos com as pontas viradas para cima. Arrumar os desajustes do concreto parece ter o poder de colocar em ordem os desajustes da cabeça. Em vão, lá estava ele, sentado no balcão de mármore da pia.

– Desce daí, coisa feia! – insisti em gritar no vazio. Ele sorriu ainda mais. Os dentes cariados, os alicerces abarrotados de tártaro, tudo agravando ainda mais minha repulsa.

Mas no avesso da rejeição havia outro movimento. A caridade persistia em mim. Embora eu tivesse desejo de atirar-lhe um pote de pêssego em calda, no mesmo instante, no mesmo alinhavo desse desejo, estava a minha vontade de envolvê-lo num abraço de devolução. Devolver-lhe a brancura dos dentes, a limpeza da pele, o cuidado que certamente sua mãe lhe devotou na primeira infância.

Por mais que me parecesse improvável, Manoel Garça foi criança um dia. No adulto repulsivo morava uma criança bonita, abandonada, necessitando ser cuidada. A caridade me pedia que eu reconhecesse naquela carne fétida o menino recém-nascido que merecia ser posto nos braços.

Ele ainda sorria. Parecia ler meus pensamentos. Na duração de seu sorriso durava também o meu desejo de ser, ainda que por um dia, sua empregada doméstica. Indignada com tanta sujeira, despejaria litros e litros de água sanitária pelos cômodos da tapera, como se quisesse exterminar todas as bactérias do mundo. Arear panelas; abrir as janelas; lavar as paredes, dar uma demão de tinta em tudo; jogar fora as imundícies acumuladas.

Eu seria a única pessoa a desafiar a solidão daquele coitado, e nisso estava a força de meu impulso. Roupas de cama novas, limpas, cheirando a cuidado. Perfumadores de ambiente, cheiro de lavanda no banheiro. Tudo muito pobre e simples, mas impecável de tanta limpeza.

Eu, como nunca fui vista. Bobes na cabeça, chinelos franciscanos e baldes nas mãos. Naquele instante, no mesmo em que eu me imaginava assim, ocorreu-me a certeza da loucura. Procuraria o doutor Lamartine na primeira hora de atendimento da segunda-feira. Algo muito sério devia estar acontecendo comigo. Recordei-me da loucura dos santos. Gente que se apaixonou pelos pobres e que nunca mais conseguiu reassumir a vida antiga de luxos e prazeres. Mas eu não queria isso pra mim. Uma coisa é ter o coração bom, sensível às necessidades dos mais pobres. Outra coisa é abdicar do conforto que se tem para ir arear panelas de mendigo.

Foi então que minha mente se iluminou com um detalhe importante para a compreensão de meu quadro. Recordei-me de que irmã Georgina havia me ensinado uma jaculatória cujo teor era o desejo de humildade. Já fazia um bom tempo que eu a repetia religiosamente, todos os dias, ao me deitar e ao me levantar.

"Ai, meu Deus, será que minha reza foi ouvida?", pensei, apreensiva. Estaria eu passando por um processo de conversão tal qual passou Francisco de Assis, que, impulsionado por um desejo de caridade, abandonou as riquezas e foi morar no meio dos leprosos? Será que o mesmo se daria comigo? Naquele mesmo instante implorei a Deus que não! Eu não queria isso para mim. E, se em algum momento da vida pedi um absurdo desses, que Ele reconsiderasse.

Será que conversão é essa sensação de mudança súbita de personalidade, como se um invasor estivesse ocupando os meus territórios? Não sei. Desfiz-me de minha teologia primária e vi que naquela hora o infeliz do Manoel Garça enfiava o dedo no pote de doce de leite como se fosse uma criança descobrindo o mundo. Sem forças, deixei que ele fizesse o seu descobrimento. Apenas me ocorreu a certeza de que aquele doce azedaria num prazo de vinte e quatro horas.

Será que eu estava sendo invadida por um espírito de freira? "Ai, meu Deus! Casta eu já sou, mas não estou disposta a abrir mão de minhas vaidades." Não suportaria viver sempre vestida num mesmo modelo. Não haveria expectativas nas minhas chegadas. Uma freira anda sempre com a mesma roupa.

Não, isso eu não poderia suportar. E os meus cabelos? O que eu diria à Ordália Lins? Que não iria mais pintá-los? O que diria às minhas companheiras? Que não iria mais aos jantares do Lions?

Não, definitivamente eu não queria viver conversão nenhuma. Sem meus colares, brincos e jantares prefiro morrer. "Quero que vá às favas Manoel Garça, com todos os pobres do mundo e esse pote de doce."

– Sai daí! – gritei, aflita. – Tira esse dedo imundo do meu doce! Eu não te suporto. Desconfia e vai embora daqui! – completei o grito de minha aflição.

Como se não entendesse minha fala, ele continuava a sorrir. Parecia um estrangeiro que, diante do grito que o repreende, não se aflige porque desconhece o significado.

Tive pena dele. Com a pena, tive vontade de lavar sua cabeça. Desembaraçar-lhe os cabelos com meu creme de pentear. Seria um prazer imenso ver aqueles fios se desprendendo, saindo da condição de pacote único.

"Valha-me Deus neste tormento! Um litro de xampu seria pouco para uma profilaxia benfeita na cabeça dessa criatura", pensei, submersa em desesperança.

Os dentes. Ai, meu Deus os dentes! O que faria para resolver a situação daquela arcada tão destruída? Nunca vira escova na vida! Meu ímpeto foi de arrancar dente por dente, ali mesmo, na cozinha. Mas eu não teria forças para me aproximar daquela boca.

O doutor Guilherme, homem fino, dentista renomado, não sentaria Manoel Garça em sua cadeira sempre tão bem frequentada. Certamente ele se recusaria a fazer essa loucura. O jeito seria levá-lo ao serviço de atendimento público em Carmo da Mata. Sairíamos cedo, quando o dia ainda não tivesse derramado claridade. Suportaria o cheiro dentro do carro, e lá pelas oito horas da manhã ele já estaria atendido e banguela.

Enquanto eu me consumia nessa preocupação com sua saúde bucal, o infeliz continuava sentado na pia, enfiando o dedo no pote de doce. Gritei mais uma vez, sabendo que de nada adiantaria. – Cria tipo, coisa feia! Vai limpar esse nariz. Infeliz. – Subitamente, fui tomada por um arrependimento quase insuportável. Desejo de jogar-me aos seus pés e dispensar-lhe a mesma atenção que a pecadora dispensara a Jesus, segundo o relato bíblico. Banhar-lhe os pés com minhas lágrimas, enxugá-los com os cabelos e depois ungi-los com o mais caro de meus perfumes. Mas eu jamais poderia ser essa mulher. Meus cabelos são curtos; e o mais agravante: tenho nojo de frieiras.

Foi bom pensar assim. Não há desejo místico que não se dissolva diante de unhas imundas e necessitadas de poda. Eu quero é um chá de hortelã com torradas aquecidas. Muito melhor é viver mantendo distância das misérias do mundo. Melhor é pagar o dízimo e deixar que os outros concretizem a caridade por mim. Financiar a caridade já é um jeito de amar os pobres. Chega. Quero minha cama limpa e minha alma orgulhosa de volta.

Ó minha Nossa Senhora! Esqueça tudo o que lhe pedi naquelas jaculatórias. Era tudo mentira minha. Nunca quis ser humilde. E se pedi para ser foi por descuido, foi por não ter o que rezar. Eu nem sabia ao certo o que estava pedindo. Não quero essa intrusa caridosa me invadindo as carnes. Renuncio, em nome de Jesus, a essa conversão absurda que estou percebendo em minha alma. Quero é ser má. Quero Manoel Garça longe de minha casa, assim como foi durante a vida inteira.

Ó meu Pai! Será que preciso de um exorcismo? Mas o exorcismo é uma prática que expulsa demônios. Será que há uma fórmula capaz de expulsar definitivamente esse espírito que quer me conduzir a esse estado de candura e santidade?

Ó meu Deus! Tende piedade de mim! Desconvertei a minha alma para que eu volte ao prazer de minhas antigas alegrias! E, se assim o fizerdes, prometo nunca mais abrir meus lábios para vos solicitar que me façais santa!

AMOR QUE AMANSA

Amor que é amor amansa. Descansa na fronha os artifícios da bravura, retira as armaduras, corta unhas em dias de chuva e faz vir à luz palavras macias que não combinam com bigodes.

Mulher que sabe o que quer não se dobra, mas redobra o cuidado pra não virar quase homem, esquecer o que sabe sobre a ancestral conduta que lhe permite administrar o mundo mesmo sem parecer que o faz.

Mulher que é mulher faz da fragilidade o seu escudo. Seu grito de guerra é manso. É no seu olhar que descansa o remanso do mundo.

A comadre Efigênia é um caso assim. Munida de destreza invejável, soube muito bem utilizar o poder que os seios e ovários lhe atribuíram.

Quando chegou em sua vida, Amâncio era portador de um temperamento insuportável. Além da péssima mania de cuspir compulsivamente pelos quatro cantos do mundo, era incapaz de um gesto de carinho em público. Criado no mais rigoroso sistema de família, modelo humano que ensina ao homem a dura missão de comandar o mundo, Amâncio era uma discrepância absoluta com o próprio nome. Nada de manso, nada de terno, nada de polido.

Em dias de sofrimento, a expressão sisuda. Em dias de alegria, a expressão de indiferença. Um estoico na conduta. Rosto que não se entregava ao movimento dos músculos que nos emprestam expressões amorosas, humanas, viventes.

Ninguém conseguia entender a opção de Efigênia. Parentes gritavam, indignados. Manifestações públicas de repúdio pela aparente indigência amorosa a que era submetida nossa meiga e prendada menina de olhos ternos e, por acréscimo, azuis.

Eu mesma quis interferir naquela relação. Argumentei com todos os meus recursos de arte dramática que o sofrimento de comadre Efigênia não valia o conforto daquela casa bem situada.

Rua Oscar de Oliveira Lima, divisa com o fórum, frente para a praça da matriz, esquina ajardinada, frondosa, iluminada. Casa de miolo requintado. Móveis de jacarandá, armários de sucupira, um ou outro detalhe em imbuia, azulejos portugueses, cristais expostos por todos os cantos. Tudo muito sofisticado, mas triste, tristíssimo, sobretudo quando o nada manso Amâncio penetrava os umbrais com sua presença torpe e indigesta.

A comadre Efigênia limitou-se a franzir a testa. Eu sabia muito bem o que o gesto significava. Desde criança, quando a vida ainda nos permitia banhos de rio que prolongavam nosso direito de sermos pequenas, ao passo que as bonecas nos antecipavam a maternidade, a testa franzida representava reprovação.

Mas a verdade não demorou a amanhecer em nossos quintais. O tempo foi respondendo sem anseios. Aliás, o tempo responde a tudo. O fato é que mais tarde pude intuir que comadre trabalhava no silêncio, assim como a aranha faz crescer a sua teia.

Os indícios do trabalho foram se avolumando. Vez ou outra, eu flagrava Amâncio cochichando ao ouvido da comadre – gesto inadmissível para um descendente da família Astorga Camargo.

A princípio, pensei que pudesse ser um recado lembrado, notícia que não pode esperar o bater do portão da rua, mas não. O riso de ambos ajudou-me a intuir a verdade: Amâncio estava mudando. Assim como o domador domestica sua fera, a comadre realizava a proeza de amansar Amâncio.

Atado a um laço invisível que tinha as pontas nas mãos da frágil Efigênia, o macho aparentemente indomável se aninhava como se fosse um gatinho aos pés da domadora.

O cochicho me surpreendeu. O gesto recordava-me os amantes do cinema. O riso cúmplice, os olhares indecisos, seguros de que poderiam expressar os limites sem o risco da condição de vítima.

A vida segredada, a palavra próxima, quase depositada na cavidade do ouvido. O sussurro, a fala particular, coisas que aos românticos pertencem.

Quis unir aquela forma de dizer ao modelo que prevalece na linhagem dos machos. Manoel Rodrigues, capitão Rodarte Freitas, Ulisses de Almeida Prado. Homens com os quais Amâncio dividia tardes inteiras negociando gado, testando arreios, discutindo investimentos, coisas que não combinam com conversas ao pé do ouvido, manifestações públicas de carinho. Esses homens, reconhecidos homens, famosos pela bravura e pelo poder que a riqueza lhes trouxera, jamais seriam capazes de deixar fluir a fragilidade que o amor demonstra. Para eles o amor é quase uma vergonha. Forma de perder a hombridade, de tornarem-se vulneráveis, fracos.

Suas mulheres, submissas mulheres, acostumaram-se às obrigações de alcova, e só. Mãos rudes e gestos curtos – o amor na submissão não tem delonga. O beijo não existe, as mãos não se entrelaçam, cúmplices. O que há é a ordem definitiva, a palavra de sempre, o vão das pernas desnudo, humilhado, porque ainda cheio de pudor.

Muitos testemunham que Eustáquia Vieira Belo morreu de um mal provocado pelo seu finado marido, o coronel Paulo Belo, ao cumprir suas obrigações de alcova. Certeza ninguém tem, mas duas ou três vezes na semana, logo pela manhã, as empregadas precisavam lhe aplicar compressas de água quente e erva medicinal pelo corpo. O unguento era para aliviar alguma forma de sofrimento. Incertezas à parte, o fato é que Eustáquia deitou numa tarde de quinta e não amanheceu na sexta.

Pouco se sabe sobre o ocorrido. Até hoje o doutor Garcia não revelou a causa da morte da pobrezinha. Quando questionado, limita-se a fechar os olhos, reflexivo, e acenar de forma negativa com a cabeça, como se escondesse o terceiro segredo de Fátima.

Além da fama de santa, Eustáquia, por ocasião de sua morte, ganhou do marido um funeral como nunca fora visto em toda aquela região. Vestido de preto e montando seu melhor cavalo, o coronel conduziu com elegância e nobreza o cortejo. Os olhos sem nenhum sinal de lágrima, a boca expressando conformidade e um leve franzido de testa testemunhavam que o coronel vivenciava o funeral com a mesma disposição com que negociava o seu gado. Sua pose garbosa era quase uma afronta ao corpo morto de Eustáquia.

Ele, vestido naquele terno preto de ocasião, montado naquele cavalo que inspirava a mesma personalidade do dono, parecia procurar substituta para o cargo agora desocupado. A banda seguia atrás do esquife executando marchas tristes. Aquele dia representou a vitória do macho sobre a fêmea sofredora.

A comadre Efigênia, por sua vez, não se dobrou aos ditames do machismo. Sem alterar a voz, fazer passeatas ou queimar sutiãs nas praças, ela foi transformando aos poucos o gênio difícil do marido que a vida lhe deu. Foi dama. Com fala mansa, olhar cuidadoso, soube investigar a alma de Amâncio tal qual o terapeuta investiga seu paciente. Teceu outro homem. Tal qual tecelã, entrelaçou novas cores no homem opaco que tinha ao seu lado.

Anos mais tarde, o que eu sabia sem alardes foi constatado por todos. Manifestação pública. O domingo era comum. Nada a ser celebrado de especial, senão os motivos ordinários da missa dominical. Antes que padre Jorge nos despedisse em bênção, Amâncio solicitou um espaço para uma pequena fala no altar.

Comadre Efigênia recebeu a iniciativa num sobressalto. A igreja lotada – única missa da semana por uma razão simples: o padre Jorge não demonstrava muita alegria em ser padre. Amigos presentes, cheiro de testosterona prevalecendo sobre um ou outro aroma de rosas, e o compadre Amâncio com um pequeno papel no púlpito, pronto para discursar.

Durou quinze minutos. Não podíamos acreditar no que víamos e ouvíamos. Adelaide Sobreira só viu, devido à surdez, ao passo que Edivirges Mariano só ouviu. O glaucoma não lhe perdoou o descuido com a pressão dos olhos.

Com a voz embargada e as lágrimas correndo sem restrições, Amâncio fez uma declaração de amor que para sempre ficará registrada na memória daquela igreja. Padre Jorge chorou tal qual uma criança desmamada – fato que gerou comentários e suspeitas de que o sacerdote atravessava uma forte crise vocacional.

Olegário Bernardes, o marido carrasco, não fez questão de esconder o desconcerto – tossiu todo o tempo que durou o discurso, como se o vírus inoportuno da tuberculose tivesse se entranhado pelos seus pulmões.

Etalvina Beldegária, que estava de pé, pronta para deixar a igreja – escrava de uma panela de pressão em que deixara cozinhando um quilo de feijão –, precisou sentar com urgência. Osório Rinoto, o solteiro de sexualidade duvidosa, visivelmente descontrolado diante dos apelos emotivos do discurso, ofereceu-lhe com solicitude o lugar no banco, com um pequenino e delicado lenço de papel para enxugar as lágrimas.

Eu me ocupei em observar as reações. Só depois pude recolher as minhas impressões. Com aquele gesto, Amâncio parecia apresentar ao público presente sua carta de alforria. Ele, o escravo confesso. E ela, Efigênia, a sua princesa Isabel, oculta até então, mas recebendo a coroa em noite de gala.

Amâncio tinha seus motivos. Especulamos. Certamente não desejava mais a privação do amor de alcova. Queria o direito de falas macias acompanhadas de olhares dengosos. Queria ser chamado publicamente pelo apelido particular – "chuchu" –, alcunha que só depois de algum tempo a comadre nos revelou.

Aquela forma de chamar era meiga demais para um homem daquele porte. Quase uma discrepância, um despropósito, pensei. Comadre confidenciou-me que o legume fora escolhido pelo próprio Amâncio, numa noite em que as armaduras estavam todas postas ao chão. Aninhado em seu colo como se fosse um bichinho frágil, ele lhe confidenciou que gostaria de ser chamado de forma carinhosa quando estivessem a sós.

Primeiro ela partiu dos desdobramentos de seu nome e sugeriu "Mansinho", coisa que ele imediatamente recusou. Depois sugeriu "Torguinha", referindo-se ao sobrenome, mas ele também reprovou de pronto. Foi então que ele pediu que fosse algo que ela gostasse de comer. Comadre Efigênia confessou-me ter ficado corada com essa fala do compadre. Imediatamente ela propôs "tomatinho", mas ele torceu o nariz. Pensou que pudesse sugerir "repolho", mas julgou parecer ofensivo. Um homem repolho? Não. Isso soaria como homem molenga, sem iniciativa. Tinha que ser carinhoso e ao mesmo tempo preservar sua virilidade.

Sem erguer os olhos, como se fosse um menininho de perninhas quebradas desejoso de doces, o compadre resolveu sugerir:

– Não pode ser chuchu?

– Claro, meu amor! – sentenciou, amorosa, a comadre.

Era noite de inverno. Deitados em seu leito de amor, os amantes se entrelaçaram, afetuosos. Com a luz já apagada, a comadre Efigênia batizou-o, assim como padre Jorge batizava os seus catecúmenos. Ele deitou "Amâncio" e levantou "chuchu".

Confesso que admiro esse jeito que a comadre teve de amansar o compadre Amâncio. Para levar esse homem a essa coragem, ela deve ter feito muito esforço para mover o moinho. Homem é moinho pesado, e nem sempre o vento sopra a nosso favor.

É nessa hora que a gente precisa descobrir o poder que as mulheres têm nas mãos. É só saber exercer. A verdadeira postura feminina não está na submissão, mas não podemos negar que há um jeito de mandar e, ao mesmo tempo, parecer obediente.

A autoridade da mulher não passa pela força do grito. Uma ordem bem dada nem sempre precisa causar alarde. Há um jeito interessante de mover a ordem das coisas sem que a força da mulher precise ser bruta. É preciso descobrir a arte de mandar sem que o homem perceba que está sendo mandado.

Comadre Efigênia descobriu onde mora esse milagre dentro de sua alma. Buscou nos recursos do amor a palavra certeira, convincente, milagrosa. Ao enfrentar as durezas do mundo dos homens, fez prevalecer o charme, a calma e o espírito de dama. Não quis se brutalizar, ao contrário. Cada dia mais mulher, colocou todos os seus hormônios para lutarem a seu favor. E venceu. Ela sabe das coisas. E aprendi com ela. Macho bom é macho domesticado.

BILHETES E RETALHOS

A sombra deste abacateiro é tão velha quanto eu. Dizem que foi plantado pelo meu bisavô, por ocasião da partida de seu filho, que foi ser padre no outro lado do mundo. Plantou a árvore para substituir a presença que se foi. Quis ver nascer da terra alguma coisa que pudesse acalentar a ausência.

Depois de tanto tempo já passado, filho morto e pai sepultado, a velha árvore continua sendo uma resposta à dor sentida. Estende no tempo a partida que já não há. Prolonga na história o que o silêncio se encarregou de sepultar e se transforma em sacramento na memória de quem sabe o motivo.

Talvez seja por isso que, sempre que posso, me disponho a escrever cartas aos missionários que estão na África. É uma forma de pôr a mão na bíblia que está no outro lado do Atlântico e dizer, por meio de suas vozes, as verdades evangélicas em línguas estranhas.

No meio das cartas costumo colocar algumas folhas da velha árvore. É um jeito de fazer o abacateiro continuar tendo sentido, quando algumas de suas folhas cruzam as distâncias do mundo, envoltas e protegidas por frágeis envelopes de papel. Quem as recebe não sabe, mas quem as envia conhece bem as razões.

O amor sobrevive de memórias. Essa verdade me acompanha desde menina, quando minha mãe me ensinou o ofício de tecer colchas de retalhos. Fazia questão de contar a história de cada retalho que pegava na mão. Frases curtas, mas com significados profundos, não sei ao certo se havia algo de verdade em seus contos, mas isso não importa. Verdadeiras ou não, aquelas histórias me emprestavam alegrias.

Uma colcha de retalhos guarda histórias surpreendentes. Eu aprendi. Olho para a trama da colcha e concluo: "O retalho de veludo marinho não ficou bem neste losango onde predomina o percal e suas tonalidades apagadas. Parece um lorde inglês perdido em festa de pobre!".

Uma colcha de retalhos é uma aula de sociologia. Uma concretização da utopia marxista que desejava reunir num mesmo banquete operário e patrão.

O tecido da madame é costurado ao retalho de uma antiga saia de empregada doméstica. A vida deu voltas. Os vestidos rodopiaram nos salões de festas, despediram-se dos corpos. Caíram no esquecimento e depois foram retalhados e enviados para associação de mães benfeitoras. Sacos entulhados resguardam histórias diversas! Formaturas, casamentos, primeiro beijo, velórios, sepultamentos, tardes de domingo.

O bom da vida está por toda parte. Os retalhos que costuro me recordam que a felicidade é um mosaico. O cotidiano me empresta os pedaços que compõem o todo. Cada instante de vida é como um retalho que ajunto pela força da sutura.

Em dias de chuva, faço sopa de macarrão e como até ficar triste. Há tanta lembrança escondida numa panela de sopa! Vida que se revela em noites sem estrelas, maços de salsinha picada, tamboretes ao redor da mesa e um bilhete de papel de pão, rosado, pregado na geladeira, comunicando: "Mãe, fui à casa da Lidia. Guarda janta pra mim".

Um recado despretensioso, um retalho de papel, fragmento de fala solicitando desejo simples, prazer menor, diferente de outros já lidos, pregados ali naquela mesma geladeira.

Bilhetes e retalhos são realidades parecidas. São pequenas partes de um todo. A frase que o bilhete resguarda é apenas um hiato do discurso existencial que não cabe nas palavras.

Eu mesma já recebi muitos bilhetes. Sempre pregados na geladeira. O mais triste deles foi numa manhã de agosto. A porta da cozinha, entreaberta, e o bilhete escrito em papel pardo comunicava: "Cansei de viver, estou no quarto dos fundos".

A tragédia teve o seu primeiro passo num pequeno pedaço de papel pardo. Escrever aquela frase, decidir aquele gesto tão aterrorizante fez-me pensar no quanto é preciso coragem para querer morrer. A colcha não estava bonita. Decerto houve a prevalência de retalhos tristes.

O menino mais novo do sargento Roseira é um diabo. Vira e mexe vem bater campainha aqui em casa e sai correndo. Eu já prometi que vou dar uma coça nele. Não me importo com o fato de ser filho de autoridade. Eu criei meus filhos numa disciplina rigorosa, e não é agora que vou aguentar desaforo de menino entojado. Esse menino é um retalho tão puído que não serve nem pra fazer tapete.

Em dias quentes, prefiro água gelada com folhas de hortelã. Antiga receita da baronesa Eliana Sá. É quase uma redenção para o corpo, felicidade escondida, prazer quase religioso, assim como os gomos de uma laranja. Uma laranja é uma oportunidade perfeita. Os gomos se dispõem a viver juntos, mas preservam sua individualidade. Por isso gosto de descascá-la para percebê-los. Acho um crime esprimê-los todos de uma só vez. Gosto de sentir o sabor de cada um. Suco de laranja é coisa que me assusta. É a comunidade esfacelada, espremida. Chega a me dar agonia.

A propósito, ando experimentando calafrios na hora da novena de São Geraldo. Sãozinha comentou comigo que anda sentindo a mesma coisa. Acho esquisita essa coincidência. Sinceramente, acho que Sãozinha é uma mentirosa descarada. Até hoje ainda não engoli aquela história de que ela recebeu em sonho o pedido de Nossa Senhora das Vitórias para que sua imagem passasse o Natal em sua casa.

A comadre Maria Rosa comanda as visitas da imagem há anos e tem sempre o cuidado de que a lista seja seguida com rigor. Mas, quando a Sãozinha a procurou para contar a revelação que a santa lhe fizera em sonho, ela só pôde concordar. Discordar do pedido da santa? De jeito nenhum.

O nome dela nem constava na lista. Há famílias que já esperam há mais de três anos. Eu mesma já tive vontade de receber a imagem mais de uma vez em minha casa, mas nunca me senti no direito de pedir.

Enquanto isso, vou cuidando desta avenca na janela como quem cuida de um recém-nascido. Mas ela não agradece. Vive murcha. Nunca

tive sorte com avencas. Quem me deu esta muda foi minha prima Heliodora. Trouxe pra mim de Santo Antônio do Monte. Eu a encontrei na mesinha de centro da minha sala. Uma surpresa. Tinha atado em seu caule um bilhetinho com dizer único: "Cuida direitinho, senão morre!". A comadre tem razão. Há tanta coisa na vida que, se a gente não cuida direitinho, acaba morrendo antes da hora. A Odete Leocádia é um exemplo disso. Está morrendo antes do tempo. Foi vítima de um bilhete de geladeira.

Depois de um fim de semana em Itapecerica cuidando da mãe cancerosa, deparou-se com um bilhete escrito em papel amarelo pregado na geladeira: "Não quero mais te enganar. Fui embora pra Bahia com a Florípedes mais o menino que ela fala que é meu!".

Depois desse bilhete a Odete nunca mais foi a mesma. Vive murchinha, igualzinha à minha avenca. De vez em quando amasso pão de queijo e mando um tabuleiro pra ela mais os dois meninos com o intuito de amansar a tristeza.

Tristeza maior é quando chega a época de Natal. É de cortar o coração! Judiação. Nem uma bola de árvore colore aquela casa. Depois daquele bilhete, a vida para aquela família é sempre Sexta-Feira da Paixão, calvário definitivo.

Deus que me perdoe, mas, se existir inferno, ele deve estar cheio é de marido safado. O excomungado do Silvério deve ficar na porta, ao lado do coisa-ruim, dando boas-vindas a quem chega.

Mas não quero julgar ninguém. Quero é rezar pelas almas do purgatório com a mesma disciplina com que faço minha caminhada pela manhã. Passou o Dia de Finados e o inchaço das minhas pernas não me deixou ir ao cemitério. Minha sorte é que a Igreja prescreve que, até o dia 8, uma visita ao cemitério, acompanhada de uma reza pelas almas aflitas nos rende indulgências plenárias. – Mas só até o dia 8! – insistiu o vigário de Cristo em seu pronunciamento.

Fico pensando. Será que é até a meia-noite ou só no horário comercial? Sei não. O que sei é que nossas indulgências acabaram ficando nas mãos dos porteiros dos cemitérios; afinal, são eles que determinam os horários do fechamento das portas. Vai ver que no dia 8 há uma tolerância maior no horário, assim como nos bancos em vésperas de feriados prolongados.

Ah, não sei. O certo é que essa contabilidade de graças é esquisita que só.

Dizem também que há uns outros tipos de indulgências que eles chamam de parciais. São para aqueles que não conseguiram cumprir o preceito no tempo e do jeito certo. Eu fico sem saber.

Irmã Lucilene, sempre que quer nos consolar de uma espera tortuosa, vive nos dizendo que nosso tempo não é o tempo de Deus. Mas aí eu me pergunto: então para que serve o calendário litúrgico? E como é que fica essa história de indulgências plenárias e indulgências parciais? Se os tempos são diferentes, como é que Deus controla quem lucrou plenária e quem lucrou só parcial?

Perguntei inocentemente tudo isso ao padre João e ele me respondeu com um grito que me gelou a alma: – Atrevida! – Depois do grito, veio a penitência pelo atrevimento. Proibiu minha entrada na igreja por exatas duas semanas.

E foi aí que não entendi mesmo! Em minha inocência, quis esclarecer com uma perguntinha, logo após a ordem de expulsão:

– Como é que fica aquela história de que Deus prefere os pecadores? O senhor não está expulsando da igreja um daqueles a quem Deus prefere?

E mais uma vez ele gritou:
– Sacrílega! – e acrescentou à penitência mais quinze dias.

Deus que me livre ser Deus! Deve dar trabalho demais vigiar o mundo! Será que no céu há um relógio de ponto onde os horários são conferidos no caso das indulgências? Quem chegou antes, quem chegou depois. Não sei. Melhor é deixar pra lá! Há umas coisas na religião sobre as quais é melhor a gente ficar quieta.

Deus que me cegue se eu estiver blasfemando, mas nunca entendi essa história de que o pobre do Judas já nasceu predestinado a ser o traidor. Coisa mais triste, meu Deus!

Eu fico é calada, porque, quando eu quis defender o pobre do apóstolo, o padre João quase me excomungou em público! Depois disso, duvido sem falar nada pra ninguém. Duvido sem alarde, rindo por dentro, gritando só pra mim mesma os absurdos da fé.

Nas reuniões de setor, sou sempre a primeira a interpretar a palavra de Deus. Sou ortodoxa que só. Tenho prazer em interpretar e repetir as orientações dos cardeais. Aquelas vestes vermelhas me convencem.

Eu bem que gostaria de ter um retalho daquelas roupas para enriquecer as minhas colchas. Iria costurar um pedaço da batina cardinalícia num retalho retirado do vestido da Rosalinda, a prostituta mais odiada da cidade.

Ninguém saberia do fato, só eu. Aquela colcha seria a concretização da profecia do profeta Isaías, que previa que um dia lobo e cordeiro comeriam no mesmo prato. A colcha seria dada ao padre João. Quanta rebeldia cabe em mim! Outro dia apertei um tomate na banca do Jorge até furá-lo. Ninguém viu. O motivo foi simples. Repúdio ao preço abusivo que estava sendo cobrado.

Pequenas transgressões me fazem feliz. Outra coisa que também gosto de fazer é apertar aqueles pacotinhos de chicletes recheados. É uma delícia infantil e, ao mesmo tempo, uma vergonha para uma mulher da minha idade. Mas sentir o estouro dos pequenos cubos dentro das embalagens é uma alegria que recupero da minha infância.

O ordinário do Justino tem a mesma idade que eu e ainda teve o descaramento de me avisar de que eu poderia entrar na fila do atendimento especial. O banco lotado, gente saindo pelo ladrão, e ele teve a coragem de alterar a voz em fazer uma desfeita daquela, na frente de todo mundo! Na hora que ouvi a frase atrevida, o chão pareceu me engolir. Que vergonha, meu Deus! Isso é o mesmo que falar: "Ó velha, economiza as pernas para dar conta de chegar até a funerária e escolher o seu modelo!".

Na hora não abri a boca, mas minha vontade era de falar umas poucas e boas pra ele. Isso não se faz. Qualquer dia desses entro na casa dele e prego um bilhete na geladeira: "Deixei alguns pares de meias no congelador. Estão sujas. Pega e chupa!".

Que horror! "Vai chupar meia" era uma expressão que não saia da boca do velho Juvenal Catarro Grosso. Era o homem mais desbocado que já vi na face da Terra. Usava a expressão toda vez que alguém o aborrecia. Nunca soube a origem de seu nome horroroso.

O ódio que Justino me despertou ainda me assanha. Mas Deus me livre de alimentar ressentimentos. Quero é a absolvição dos meus pecados, a redobrada vigilância de não deixar minha avenca morrer de vez e a heroica coragem de comprar um bilhete de rifa da Iraci sem desconfiar de que ela já tenha conhecimento do nome que será premiado.

Da primeira vez, o ganhador foi o marido dela. Da segunda, foi o Valdir, seu filho mais velho. Da terceira, foi a Valdirene, sua sobrinha. E, por fim, ela mesma. Ah, tenha paciência! Vai fazer hora com a cara de quem tem tempo. Qualquer dia desses eu me encho de coragem e a mando picar a mula com aquelas cartelinhas.

Enquanto não mando, vou pregando bilhetes imaginários em geladeiras inexistentes e tecendo colchas. É uma terapia. Imaginando bilhetes, reformo o mundo. Costurando tecidos, reaproximo as distâncias, diminuo os abandonos. Pela força dos tecidos, reconcilio os inimigos, reencontro amores perdidos, esqueço a janta, disperso a ira, trago maridos de volta para suas esposas.

O mesmo acontece com os bilhetes. Pregados na geladeira, tanto podem gelar a alma quanto aquecer a carne. Tudo depende da letra e da cor do papel escolhido.

Neste fim de semana minha filha mais moça veio me ver. Foi embora quando ainda era cedo. Deitada, recebi o seu beijo. Ficou me olhando um tempo em silêncio. Acariciou meus cabelos e depois enxugou a lágrima que seu gesto despertou em mim.

Mais tarde, um bilhete escrito em papel azul-claro me advertia: "Mamãe, há felicidades escondidas por toda a casa. Observe o prazo de validade para que não se percam!".

De tão feliz, quis morrer naquela hora.

UMA MULHER DE PALAVRA

Amei, sim. Outra coisa não fiz. Aprendi muito cedo que o amor é a ciência que traz em seu bojo a possibilidade de reconciliar os contrários. E o movimento que nos encaminha para uma sincera contemplação da realidade.

Amar é exercício de redenção. O real, a crueza da existência, esse é o lugar a ser redimido. É a hemorragia a ser estancada; a criança a ser curada de sua orfandade, amparada ao colo, para ouvir em confidência que o tempo do abandono não existe mais.

Nunca tive filhos. Meus partos foram outros. Vivi para parir palavras. Nunca me ocupei de fraldas, mas choros na madrugada sempre tive que aturar. Por diversas vezes fui acordada pelas dores do mundo. Eram trazidas por mulheres mudas, que por meio de sonhos e alucinações estavam no meu quarto implorando direito de fala.

Mulheres que não sabiam contar suas histórias. Mulheres famintas de palavras, desejosas de argumentos que as convencessem a dar prosseguimento à vida.

A mim não restava outra coisa senão cumprir a sina de saciar sua fome de significado. E então eu me punha a fazer mamadeiras de palavras para que parassem de chorar.

Eu e meus dias. A estrutura das horas é quase uma condenação. De novo o amor; a necessidade de recolher o tempo, beijar-lhe a face e descobrir a beleza que permanece segredada em seu avesso.

Há uma redenção no tempo. Broto miúdo de felicidade que, descobrindo uma fresta no telhado de minha vida, de vez em quando vem iluminá-la. Envelhecer é despedir-se do tempo. Alforria que a assinatura de Deus alcança e que minhas mãos recebem agradecidas. Direito de perder a hora, esquecer os dias, ignorar o futuro e fazer demorar o presente.

O esquecimento é uma virtude que aos homens livres pertence. Esquecer é o mesmo que trocar de matéria. O que é de agora substituo pelo que era de antes. O desrespeito pelo tempo prevalece. Não há uma ocupação medrosa com os imperativos urgentes do presente. Esquecer é fugir da vida. Fuga pela porta da frente. É sair com elegância, cumprimentando o responsável pela sentinela e desejando-lhe um bom trabalho.

Só os corajosos esquecem. Eu esqueci. E por isso amei. Vivi a vida ao contrário. Desenvolvi a técnica de vencer ondas revoltas e ainda ganhar tempo para observar sua beleza. Andei em círculos, ritualizei as retas para que as distâncias não me desconcertassem.

Aos poucos, a vida me permitiu chegar. Cheguei perto de mim. Alcancei o destino mais distante, o mais tenebroso, mas depois fugi. Confesso que fugi. A luminosidade que é própria dos dias de juventude costuma ofuscar os olhos. Fui vítima do medo. Permiti que outras vozes falassem por mim. Alienei em outras mãos o direito sagrado de cuidar dos meus sonhos, e de novo o amor, o momento de rebuscar a simplicidade perdida. O desejo de ser em pequenas partes e de preparar com dedicado empenho o atrevimento da totalidade.

Conselho de Fernando Pessoa. A existência posta à prova nos versos que envergonham os mascarados. Tabacaria. A crueza da opção mais vergonhosa. A fragmentação, a mediocridade, a pouca medida, o quase nada do ser. Conselho de Pessoa para a pessoa. Eu quis acolher. Quis arrancar a máscara. E assim o fiz. Desagradei a muitos, mas reencontrei o caminho.

Pessoa é o meu evangelista predileto. Redimiu minha alma com sua poesia. Celebração que me coloca diante do sangue derramado, diante da dor que me toca, mesmo distante no tempo, findada, fadada ao sepultamento de um corpo que se desfez solitário.

À sombra dos sonhos humanos, também escrevi histórias. Descobri a graça de partejar gente, fazer virá-los outros nomes, outros rostos, já que da minha carne nenhuma outra carne veio à luz. O desejo da maternidade não era suficiente para que as trompas produzissem as sementes necessárias. Solitária com meus ovários inférteis, restaram-me algumas possibilidades: inventar pessoas, criar personagens, soprar ar de literatura nas narinas imaginadas.

Neles eu pus bocas, sorrisos, palavras, preces, desaforos. Criei tramas, inventei conflitos, expus a dor, consolei viúvas, reconciliei amantes. Fiz amar, fiz sofrer, fiz parir, fiz partir, fiz voltar, fiz milagres. Fiz de mim o que Deus fez do maná. Chovi sobre o mundo e alimentei a multidão faminta. Multipliquei minha vida, desdobrei minha existência em muitas outras. Fui quem gostaria de ter sido. Fui pessoas como Pessoa. Fui o repúdio, mas também fui o desejo.

A literatura é multiplicação da vida. Somos o mundo inteiro no pequeno espaço da história que nos permitimos criar. Escrever é emprestar o corpo ao corpo que desconhecemos. É emprestar pernas aos inválidos. É colocar olhos no cego. É dar voz à boca que é muda. até incorporar o conflito que não nos pertence. É desvelar o conceito, o sentido mais oculto, o desconcerto que nos cora a face.

Traí, confesso que traí. Disse que seria fiel e não fui. Prometi que voltaria e não voltei. Marquei compromisso e não cumpri. As contradições não me abandonaram ao longo da vida. Insisti em encontrar o equilíbrio, mas o que há no meu coração é grande demais para ser considerado humano. Meu amor não é humano. É projeção de um amor estranho, proveniente de uma fonte desconhecida, incontrolável. Esse amor me estrangula, retira meu sono, o ar, o sossego. É como se eu perdesse o controle, a direção, o prumo.

O meu querer se vai com a mesma pressa com que chega. O encanto dura quase nada, mas, enquanto dura, quase necessito de balão de oxigênio para o respiro necessário. As lágrimas caem, o riso me deixa rouca, a felicidade me alucina. Depois, a rotina. O prato de macarrão instantâneo, a cama estendida, a roupa na máquina, o despertador, o ponto no trabalho, a caneta que nunca encontro, o sapato apertado, a bainha da saia precisando de reparos, o telefone que toca, insistente.

Não, não me privei dos poemas de última hora. Eles são inocentes à primeira vista, mas, como tudo na vida, a aparência não é a melhor definição. O mais interessante é o que está escondido. Coisas à mostra são amostras grátis. A quantidade é pouca. Gosto é de retirar o lacre, observar a fartura, romper os limites do convencional. O texto e seu contexto. Regra hermenêutica que dilata o horizonte e o plenifica de sentido. Há palavras que estão por detrás das palavras. São filhas das sombras. Falam, mas em segunda voz.

Cultivei muitas manias. Colecionei miniaturas. Tudo o que desejava grande eu comprava pequeno. Substituição interessante para quem vê de longe, mas humilhante demais para quem vê de perto. Sobrevivi.

A dor nunca me deu tréguas. Acreditei piamente no valor do sofrimento. A cicatriz depois do corte, a redenção depois da morte. Morri, confesso que morri. Aos poucos, em pequenas partes. Nas esquinas, nas vitrines, nas palavras e nas gorduras saturadas.

A vida sem disciplina, sem medida, sem dietas. Eu quis afrouxar as rédeas, mas não soube. Fiz hora extra, fiz serão, fiz absurdo. Dormi pouco, acordei no meio da noite, me pus a servir à ansiedade e não aprendi a dormir com um travesseiro no meio das pernas. A minha coluna não me perdoou essa displicência.

Vendi minhas férias e depois gastei o dinheiro com terapeutas e remédios. Vendi minha herança e herdei uma dor na consciência. O casarão onde nasci virou uma clínica veterinária. O local dos meus significados agora tem utilidade para outros. Os bichos se ocuparam do que era meu. A porta da sala, o alpendre, o lugar onde meu pai enrolava o seu cigarro de palha enquanto eu ensaiava os meus primeiros poemas, tudo o que antes era humano deixou de ser.

Eu e meu pai. Cumplicidade absoluta. Ele enrolando a palha e eu enrolando as palavras, selecionando as semânticas, construindo sintática.

Viver é dor constante. Desatino na alma que não passa. Escrever é uma forma de obedecer aos desatinos. Há uma senhora que não para de gritar na minha cabeça. Insiste em reclamar do marido. Ela me conta os seus conflitos, as dores do corpo, os incômodos da alma. Fala dos desconcertos da idade e também dos acertos da maturidade. Revela-me sem pressa sua alma mulher, a alma que sempre quer; a alma que não descansa. O querer sem domínio, o desejo que mora na gaveta que nunca foi aberta.

As mulheres são fascinantes! Interpretam o mundo de um jeito diferente. Nelas reconheço a poética da existência. O vestido de festa, o trapo de limpeza, a bacia de roupas, o sabão transbordando, o bordado no linho, a linha na costura. Os teares em movimento, o cheiro de café, a conversa, os desabafos; afetos e desafetos...

Vida de reparos. O reparo na calça deixa consequência na alma. A comida na mesa, os lençóis trocados, o cheiro bom de limpeza. Fragmentos da vida que nos recordam que o cuidado é atributo específico dessa condição humana. Ainda que o homem cuide, a mulher é quem plenifica a vida de sentido.

A mulher na esquina, da padaria, na travessia da avenida. O hormônio da sensibilidade mistura-se à fumaça e ao barulho dos carros. A vida fica mais leve. Os seios, os úteros, os ovários. A vida segregando seus primeiros movimentos nesses corpos que andam. As barrigas que crescem; a maturidade que chega. O leite que escorre; o prazer que agora tem outro nome, outro toque, outro molde.

Boca de recém-nascido a roçar espaços que antes pertenciam aos decotes, às noites e suas comemorações. As reviravoltas do tempo, as mudanças do vento, a permanência da sacralidade.

O mosaico e sua sedução. Olhar de mãe ensinando a ser gente. O mesmo olhar se despindo indecente. A mesma mulher, mil vezes esquartejada, projetada em múltiplas funções. O delírio, a sanidade, a postura impura à santidade. Não há literatura que aguente tantas facetas. É por isso que digo: essas mulheres não me deixam dormir. Ou porque clamam por fora, ou porque clamam por dentro de mim.

Elas são cheias de graça. Ou porque nos fazem rir, ou porque são sobrenaturais.

MIUDEZAS

A Maria Antônia tem mania de chamar as pessoas de "coisinha". Acho esquisito demais esse comportamento dela. Por outro lado penso que seja uma forma inteligente de driblar os esquecimentos. É tão feio esquecer o nome das pessoas. Outro dia chamei Jurema de Jurubeba. Quase morri de vergonha. A sala estava cheia, e, por incrível que possa parecer, todos se calaram justamente no momento em que eu a cumprimentei.

Lucila não perdeu a oportunidade de me expor às galhofas. Aliás, Lucila vive para me perseguir. E não é de hoje. Vem de longe essa perseguição. Já no tempo da primeira escola fazia questão de me matar de vergonha, como na ocasião em que pregou um papel nas minhas costas com uma frase maldosa, escrita em letras garrafais: "Eu soltei um pum...". Eu percebia que todos me olhavam e gargalhavam, mas não sabia o motivo. Fui descobrir somente no momento em que irmã Emengarda percebeu a balbúrdia e resolveu ir buscar as razões.

Ando desconfiada de que a escola esteja fazendo mal pra cabeça do Geraldinho. Ontem mesmo veio com umas conversas esquisitas para o meu lado. Tudo começou quando eu lhe disse: "Deus tarda, mas não falha, Geraldinho!". A frase estava num contexto. Já me explico. Queria consolá-lo de um calote que ele recebeu do neto do Vicente Moura. O pobre do Geraldinho lhe vendeu um pião, mais meio cento de bolinhas de gude, e o ordinário não lhe pagou. Depois da minha frase que apelou para justiça divina, o menino me fulminou com um olhar de desaforo e esbravejou: – Vovó, Deus tem mais o que fazer do que ficar cuidando da safadeza de gente vagabunda!

Quase perdi a fala com aquela reação do menino. Achei forte demais aquela expressão. Sempre fomos muito ponderados nas conversas que tínhamos à frente das crianças. Aprendi com papai. Ele nunca nos permitia falar palavrões. Depois do acontecido pude concluir que Geraldinho deve ter aprendido isso na escola. Educar uma criança é como cultivar goiabas. Por mais que a gente cuide delas, sempre dão bicho.

    Geraldinho está comigo desde a morte de Isaura, minha filha. O parto já havia terminado quando veio a febre que a vitimou. O pai do menino resolveu sumir no mundo. Deixou-me essa goiabinha que faço questão de cultivar.

    A Semana Santa passou e Silvéria não fez a confissão que havia me prometido. Depois fica querendo saúde. Ando desconfiada de que essa doença dela é acúmulo de pecados. Já falei sobre isso, mas ela me ignora totalmente. O que falta à Silvéria é uma boa correção espiritual. Depois que foi abandonada pelo Henrique, nunca mais encontrou o caminho da Igreja. Diz que conversa com Deus em casa. Eu escuto o que ela diz e não retruco mais. Cansei. Quem tem que fazer isso é o padre, mas nem com isso podemos mais contar. Longe vai o tempo em que os padres nos recordavam de que o fogo do inferno continua aceso. Em vez disso, vivem dizendo que a misericórdia de Deus está acima de qualquer erro humano. Tenha paciência.

    É por isso que tenho saudade do padre Cornélio. Nunca vi aquele homem abrir a cara pra ninguém. E assim que tem que ser. Depois que os padres começaram a rir demais pro povo deu no que deu. Deus que me livre! Quero ter uma dor de dente se estiver errada, mas esses padres moderninhos vão acabar com a nossa Igreja.

    Vira e mexe vejo o nosso novo vigário correndo de calças curtas pela praça da matriz. Diz que é atleta! Deus que me perdoe, mas não posso admitir uma coisa dessas. Um padre correndo de calças curtas? Será que as freiras vão pelo mesmo caminho? Cadê o respeito? Se a gente encontra um desses na rua nem consegue saber que é padre. Cadê a batina preta pra colocar medo no povo? O padre Cornélio só era visto de batina. Qualquer hora do dia ou da noite, lá estava ele, parecendo um corvo em estado de alerta, pronto para um rasante salvífico no meio do povo.

Rosa Clélia não concorda comigo. Diz que sou antiga demais para entender a proposta do novo vigário. Fala em tom de humilhação, desejosa de me expor ignorante, pouco arejada. Não concordo com absolutamente nada do discurso que faz, mas tenho medo de discutir com ela. É minha irmã mais nova. Teve oportunidade de estudar fora e depois resolveu voltar para administrar a escola municipal. Voltou influenciada pela teologia da libertação. Sinto até um arrepio na espinha quando falo esse nome. Durante uma reunião das filhas de Maria, a irmã Celeste nos ensinou que essa tal teologia é um movimento esquisito que quer colocar os comunistas dentro da Igreja. Ela nos falou que, se por acaso essa teologia vingar, teremos que dividir até nossas escovas de dentes com os pobres. Falou mais. Os padres adeptos pretendem matar o papa. Terminamos a reunião em pânico. A irmã Ester foi vítima de taquicardia. Dona Esaltina precisou ser amparada. Desmaiou no momento em que a irmã Celeste nos revelou que o novo vigário fazia parte do grupo rebelado.

Mas, se não sou capaz de resolver os problemas do papa, eu me esmero em cuidar dos problemas do mundo. A comadre Silvia ainda não se livrou da dor no joelho. Já passou até num especialista, mas de nada adiantou. Agora pôs a esperança numa pomada que Justino Ferreiro prometeu trazer da Amazônia. Coitadinha da comadre. Caiu na conversa do safado do Justino. Sabe muito bem que ele não vale nem o sal do seu batizado e mesmo assim põe confiança na conversa dele. Tentei abrir-lhe os olhos, mas o desejo de desinchar aquele joelho é tão grande que meu alerta não serviu para nada.

– Sem repouso não cura! – alertei. Comadre é relapsa. Mesmo com o joelho doente, continua lavando roupa pra fora e duas vezes por semana faz faxina na casa do prefeito Donatário Arouca. Enquanto isso, Lucileide, a filha mais nova, fica batendo perna à toa, medindo rua. Não alui uma palha para ajudar a comadre. Desaforo. Lembrei da goiaba bichada.

Sexta-feira de manhã o Zé Prego passou na minha casa. Era portador de notícia triste. Seu cavalo foi atropelado pelo trem lá na travessia que divide a Vargem Grande. Morreu na hora. Zé Prego era um desconsolo só. E com razão. Era com o bicho que ele conseguia fazer uns carretos pra manter a família. O cavalo era seu ganha-pão. Contou-me cheio de tristeza que o infeliz estava junto com a tropa do Venâncio Bezerra. Juntou-se por acaso. A tropa passava pelo pasto onde Zé Prego o deixara. Deve ter visto o passeio da tropa e quis ir também.

Eu fiquei chateadíssima. Venâncio Bezerra não tem mais onde enfiar dinheiro. É dono de metade da cidade. Tanto cavalo pro trem passar em cima e foi passar justamente no cavalo do Zé Prego! Não me conformo. O pão do pobre sempre cai com a margarina virada pra baixo. Meu pai tinha razão. Ou não. Na maioria das vezes o pão do pobre nem margarina tem.

FOTOGRAFIA

A sombra era maior que a casa. A vida é mesmo assim. O retrato não demonstra a alma; apenas desperta a curiosidade de querer conhecê-la. O caráter não tem cor, não é revelável em papéis.

Antes fosse. Quem sabe assim a Leonor tivesse se livrado do Justino Vieira. Há quem diga que ela se apaixonou vendo um retrato no jornal. Justino estava na guerra e virou notícia na cidade. Leonor não pensou duas vezes. Viu, gostou e jurou amor eterno à fotografia.

Quando ele retornou com o peito coberto de medalhas, ela o procurou e contou-lhe o ocorrido. Duas semanas depois eles se casaram. Isso prova que ele não valia nada.

Leonor aguentou, em profundo estado de abnegação, vinte e seis anos de traições constantes. Depois se trancou num quarto e cortou os pulsos. A fotografia publicada no jornal ainda sorri na gaveta do criado-mudo. Está muda. E não pode mudar o rumo dos acontecimentos.

Ontem descobri um broto de jabuticabeira bem perto do muro que faz divisa com a horta do Bernardino Rodrigues. A princípio pensei que fosse uma plantinha sem-vergonha. Só depois percebi seu valor manifestado. Demorou pra revelar o que era. Uma jabuticabeira é quase uma mina de ouro. Jabuticabeiras pertencem à estirpe das realidades religiosas. Não sei por que penso assim, mas sempre reconheci nelas uma beleza sacra.

Recordo-me com saudade. O tempo das chuvas, a proximidade do Natal e o ritual de vê-las floridas. Em pouco tempo, os frutos. A vida generosa, a multiplicação da alegria e uma voz segredando aos meus ouvidos de menina maravilhada: "Retira as sandálias dos teus pés, pois este solo em que tu pisas é santo!".

Não gosto de desvendar mistérios. Prefiro conviver com eles. Saborear o não saber, o oculto, é prazer que não mensuro. Esbarrar no silêncio das coisas sem forjar palavras é um jeito que tenho de viver imaginando. Quando não sei, imagino, e imaginar é ver o mundo do avesso. Desvendar é o mesmo que expor à banalidade. Há mais beleza na pergunta que na resposta. É a força contundente das estéticas inacabadas.

O Zé Vieira está doente. Mesmo assim não para de fumar. Já tentei tocar no assunto, mas ele desconversa. Tenho medo de que ele morra antes de mim. É o único amigo que tenho. Os outros só servem para passar o tempo. Já o Zé é o meu tempo. Olho para ele e vejo minha história.

Vira e mexe ele me fala do que gostaria que fosse feito depois de sua morte. A venda da casa, o encaminhamento do dinheiro para o Lar São Vicente, a simplicidade que deverá prevalecer no funeral e outras coisas que considero absurdas. Eu já disse pra ele que não quero ouvir esse tipo de conversa, mas ele insiste em continuar. Desconverso, finjo que não escuto, mas de nada adianta.

A vida passa. Outro dia me peguei sentindo saudade dele. Antecipei na carne a ausência que será depois. Olhei uma fotografia de quando ele ainda servia o exército. Estávamos no coreto da matriz. A vida parecia fluir do papel. O sorriso amarelo, a juventude fugida, a contradição nas entrelinhas. Pudesse eu voltar no tempo e jamais usaria um vestido daqueles!

Andei pensando na possibilidade de voltar a Santa Rita do Passa Quatro, cidade onde nasci. Nome esquisito cuja origem desconheço. Quero ver a casa onde cresci. Deve estar modificada. Só Deus não se modifica. Queria ver as mesmas cenas com os olhos transformados pelo tempo.

Os cenários da infância a partir dos olhos da senectude. Cruzar os mesmos espaços que antes cruzava com pernas miúdas, saias curtas e blusas cheias de nódoas. Ver o rio que passava ao fundo, o barranco, as goiabeiras que ficavam perto do curral. Sentir mais uma vez o cheiro do dia parindo a luz, o mugido das vacas, o tropeço dos peões e suas ferramentas. Ver os detalhes que a vida revelou com o tempo, como se fosse uma fotografia que levou anos e anos para se tornar nítida. O distanciamento no tempo revela os detalhes da realidade.

Eu sempre dizia para o Manoel ter paciência com Rosélia. Não me ouviu. Hoje ele sofre com o arrependimento. A vida nem sempre abre uma mesma porta duas vezes. Manoel sabe bem disso. Descobriu que era doce o amor de Rosélia, mas só o soube e o reconheceu depois que provou o amargo da desilusão que agora o assola.

Mas não me importo com isso. A saudade é sempre maior que os amores. Nela há uma projeção, uma idealização que suplanta a realidade. Amor a distância é felicidade garantida. Que seja assim.

Meu armário da cozinha está com defeito. A porta insiste em permanecer aberta. Às vezes acho que ele quer me irritar. É por isso que ando acreditando que os móveis possuem alma. Reparo na mesa da minha cozinha e percebo que ela fica me espiando. É como se o tempo nos trouxesse uma cumplicidade que nos permitisse alguma forma de comunicação. O armário da sala sabe todos os meus medos. É ele quem me socorre quando preciso atravessar a sala durante a madrugada. É com ele que falo durante o curto percurso que separa o quarto do banheiro. Sempre troco uma palavrinha com ele com o intuito de quebrar a solidão.

Desde a morte de Floriano, os móveis e o Zé Vieira são os meus companheiros. O armário da cozinha não entra nesse grupo. Ele vive pra me irritar. Fiz reparo na porta, Zé Vieira ajeitou uma solução, e ainda assim ele continua se abrindo todo sem a minha intervenção. Parece afronta. Qualquer dia eu me irrito definitivamente e faço lenha dele.

O bom da vida geralmente não cabe nos conceitos mais elevados, mas resguarda-se em surpresas que insistimos em não enxergar. Ontem mesmo percebi a felicidade me rondando. A cena era miúda, quase insignificante. Precisei olhar três vezes para reconhecê-la feliz.

Um menino andava sobre os trilhos da estrada ferroviária. Quase uma fotografia. Equilibrava-se e tentava alcançar velocidade. Estava só. Corria e, à medida que vencia o desafio, desatava um riso que varava a solidão da tarde.

Fiquei olhando da minha janela. E no ato de olhar adentrei a cena. Torcia por ele. Queria vê-lo vencer. A cada desequilíbrio, um susto e uma aceleração nos meus batimentos cardíacos. Ele não me via. Não sabia que tinha uma assistente. Não importa. E mesmo sabendo que estrada de ferro não é lugar de criança, dividi com ele aquela molecagem irresponsável. Fosse seguir meus instintos disciplinantes e já o alertaria dos perigos de brincar ali. Um pé quebrado, um joelho esfolado e outras possibilidades. Mas preferi ver a cena do avesso. Quis revelar a fotografia em outro papel, com outras cores.

A alegria estava no riso. O desafio era a beleza daquela hora. Em vez de pensar em pequenos desastres, preferi prestar a atenção nos respingos de felicidade que aquela cena lançava sobre mim. Por um momento, eu me deixei envolver pelo valor das pequenas alegrias.

Quis observar o resultado dos miúdos empenhos. A vida sem pressa, sem compromisso marcado, sem trem que amedronte, sem perigos iminentes, sem o risco de cortes e esfolamentos.

O menino era feliz naquela hora estreita da vida. Eu também. Meus pés equilibravam-se nos seus, e nossos corações batiam em conjunto, como se uma única artéria nos unisse. Simbiose ou sinergia? Não sei. A palavra exata eu não possuo. O que sei é que, na felicidade do menino, esta velha professora aposentada e rabugenta fez questão de se incluir sem receios.

Naquela hora, minhas artroses deixaram de existir. Não havia dor nas costas nem fraqueza nas pernas. Tudo em mim era adolescente e vibrante. Meus olhos roubavam aquela felicidade estranha, e eu me sentia como se recolhesse sobras de um jantar rico demais para ser oferecido a uma única pessoa.

A vida, a generosa vida, derramada naqueles trilhos de estrada ferroviária, ali, no silêncio daquela tarde ensolarada, gritava por mim. Deixava-se recolher em pequenas partes. Sorria sem lábios, mas sorria com pernas, pés descalços, unhas encardidas e calças curtas.

A vida, a revelada vida, agora ali, tão clara em seus propósitos, longe da curiosidade dos filósofos, distante do olhar conceitual dos psicanalistas e das interferências disciplinadoras dos professores, sorria, esquecida de suas grandezas.

Outra coisa não quis pensar. Por um instante a porta do armário não me incomodou mais. A enfermidade do Zé encontrou cura e a solidão das sombras deixou de me amedrontar.

O menino nos trilhos. Aquela cena me bastava. Talvez a mais pobre e a mais rica de toda a história dos meus dias. As praças de Roma com seu calor envolvente. Paris e suas luzes. As óperas e suas riquezas cênicas. Nada, nada se comparava ao encanto daquele instante.

O menino não sabia que protagonizava tudo isso. Para ele, era apenas mais uma forma criativa de descobrir o lúdico que se abriga nos trilhos pesados das estradas ferroviárias. O resto era meu. O banquete de felicidade estava posto. O menino se deliciava com as iguarias servidas. E eu, eu era apenas um mendigo que recolhia os restos que caíam da mesa.

Busquei minha máquina e me coloquei a fotografar a cena. Queria o registro de todos aqueles movimentos, para neles descobrir, quem sabe, a morfologia da felicidade.

No mesmo dia eu me pus a revelar as fotografias. Aos poucos, pela força da técnica rudimentar de trazer de volta ao papel o momento passado, a luz foi revelando o menino e sua cena feliz.

Mas até hoje uma dívida ainda me ocorre. Quem revelou quem? Eu revelei as fotografias ou foram elas que me revelaram?

O DESACATO DA TARDE

Antes eu tivesse dito não. Assim teria evitado o constrangimento terrível que durou uma tarde inteira. O Manoel ali, a mulher, os filhos, a mesa posta, composição de um retrato, moldura barata que chegava a me embrulhar o estômago. Só não solicitei um chá de boldo à comadre Cininha porque não gosto de dar trabalho pra ninguém.

Eu bem que poderia ter ficado em casa. Serviço é o que não me faltava. As quitandas da semana ainda por fazer, um reparo no uniforme de Helena, e eu ali, bancando a simpática.

Isso é que dá não ter coragem de dizer a verdade. A comadre que se virasse com as visitas dela. Eu já não convido ninguém pra ir à minha casa justamente porque não suporto deixar minha rotina. Aliás, detesto visita. Sou igualzinha ao Paulo, marido da Valéria, que diante da possibilidade de receber alguém em sua casa já dava um jeito de adoecer.

O recurso é infalível, uma tuberculose mantém as visitas a quilômetros e quilômetros de distância. Quem vai querer dividir o ar contaminado de um moribundo? Quem vai expor a saúde aos riscos de uma contaminação indesejada?

Não sei, não, mas acho que a comadre Cininha agiu de má-fé comigo. A princípio, queria que eu preparasse um manjar de coco para servir às visitas. Nada mais que isso. Manjar e só. Disse que estava apertadíssima com umas entregas de costura e que não poderia receber de qualquer jeito as visitas que viriam. Prontamente eu me dispus a realizar a tarefa.

Na cozinha, eu não sei o que é ter preguiça. Sou mulher de forno e fogão. Aprendi desde cedo a arte de cozinhar em grandes quantidades sem perder a qualidade. Sou mulher de tachos e tachos de doces, compotas, quitandas, manjares, assados. Agora, não me peça simpatia. Quando a comadre me perguntou se eu me importaria de vir tomar o café da tarde com as visitas, já senti meu coração me pedindo pra não ir. Contrariada, acabei aceitando o convite.

Quando vi a mesa posta, as crianças relutando em aceitar as regras da civilidade, a mulher do Manoel gritando, tentando acomodar os pequenos diabinhos, pensei: "O que eu estou fazendo aqui, meu Deus?!".Aí já era tarde. A comadre Cininha me pedia socorro com os olhos. Menos de duas horas depois da chegada da família visitante a anfitriã já somava um prejuízo de dois vasos de porcelana quebrados, uma porta sem trinco e um elefante de cristal sem a tromba.

As infames criaturas corriam pela casa com uma destreza invejável. Os tapetes, obstáculos naturais, não representavam nenhuma intimidação.

Eram quatro meninos e uma menina. Uma escadinha. Para o inferno, digo de passagem. Os meninos não sabiam o significado da palavra "quietude". Visivelmente hiperativos. Nenhuma avaliação psicológica era necessária para essa constatação.

A menina tinha um agravante. Era dotada de uma maldade sem alarde. Ela não corria nem era afeita aos gritos. Era aquela espécie de bicho vigilante que, de tão cauteloso, parece não tocar o chão. Uma pantera, não sei. Com passos leves, mas constantes, andava pela casa e vez ou outra puxava levemente os objetos de seus lugares.

Sentada à mesa, limitava-se a puxar a toalha em sua direção. A mãe pedia que parasse. Imediatamente ela detinha o gesto, corria o olhar por todos e segundos depois recomeçava. Era um ciclo. A mãe voltava a falar: – Para de puxar o forro, Maria Letícia! – De novo os olhinhos meigos, a doce expressão que convencia a todos de sua candura, menos a mim. Os olhos aparentemente inocentes escondiam uma bruxa má, alojada naquele corpo franzino.

Não abri a cara pra ninguém. Quando a Maria Letícia me olhava, eu tinha vontade de fazer língua pra ela, mas pensei que pudesse soar mal numa mulher da minha idade. Eu a olhava tentando fuminá-la com meu olhar disciplinador. Estava certa de que ela percebia meu ódio, e isso me trazia uma pequena satisfação.

Se pudesse, eu a retiraria da mesa e lhe aplicaria um bom corretivo. Faria do mesmo jeito que meu pai fazia conosco quando a disciplina não era observada. É de pequenino que se torce o pepino, dizia ele, tão cheio de motivos pedagógicos.

A tarde ardia impiedosa. Espartana, cruel e irada, tentei mastigar uma bolacha de amendoim que estava localizada nas proximidades de minhas mãos. Imediatamente o amargo prevaleceu no sabor. "A comadre exagerou no bicarbonato", pensei.

Bicarbonato é só pra dar um toque final, mas pelo jeito a medida foi desobedecida. Por um instante quis esbofeteá-la, propor-lhe um curso de culinária ou sugerir maior atenção às medidas dos ingredientes. Quis lhe dizer uns desaforos, acusá-la de me retirar da minha casa, perturbar a minha paz e colocar diante de uma imagem viva do inferno, mas achei que seria grosseiro demais. Contive-me.

Procurei engolir a bolacha com a mesma técnica que havia desenvolvido para engolir o chá de boldo-do-chile em dias de má digestão. Busquei consolo numa xícara de café. Há menos possibilidade de erro. É só colocar o pó no coador e derramar água quente. Errei mais uma vez. O gosto do café me recordava a famosa expressão "água de batata". Um ímpeto de ódio e impiedade tomou conta de mim. Naquele instante meu desejo era me colocar de pé e derrubar violentamente a mesa na direção da comadre Cininha. Contive-me mais uma vez.

"Nem um café essa infeliz soube coar, meu Pai do Céu!" A prece às avessas quase ganhou voz. "Saí de casa para ser desacatada", pensei. "Já não chegam as contrariedades que aparecem sem convite? A vida já me oferece diariamente uma medida generosa de dissabores, e eu, livremente, cruzo a soleira de minha casa em direção à rua para me contrariar ainda mais?" A filosofia de almanaque me consumia.

Continuei à mesa. Tudo tinha o poder de me provocar. Os retalhos da existência, as conversas nada interessantes, a tosse desagradável de

Manoel, o pigarro quase canceroso, o cigarro aceso, o ambiente fechado. "O inferno é aqui", conclui.

Tudo agravava ainda mais o meu mau humor. Por um instante tive vontade de gritar com o Manoel como se fosse sua professora: "Para de fumar, ordinário! Não está vendo que o câncer já está batendo à sua porta, infeliz! Vai jogar essa fumaça na cara de sua mãe!". Mas eu não era capaz de pronunciar uma só palavra. A vida me digeria assim como o estômago digere uma maçã.

O olhar de Maria Letícia estava grudado em mim. Ela parecia me desafiar. Eu também não deixava por menos. Preguei meus olhos nos dela, desejosa de que lesse meus pensamentos. Que menina insolente! Como é que uma estrutura física tão miúda podia me incomodar tanto!

Ela mastigava um pedaço de pão com quase meio quilo de margarina. Tomara que lhe causasse uma disenteria, desejava-lhe em silêncio. A boca suja lhe conferia um aspecto ainda mais abominável.

Enquanto eu a observava, pude concluir: Maria Letícia era a minha maior inimiga. Eu estava decidida. Eu a odiava com todas as minhas forças. O ódio era tanto que, se por acaso ela necessitasse de uma transfusão de sangue, e fosse o meu o único sangue compatível no mundo, ela morreria exangue, morreria seca.

A comadre Cininha me perguntou se eu havia gostado da bolacha de amendoim. Ignorei totalmente a pergunta. Pudesse eu dizer a verdade e ela nunca mais olharia na minha cara.

Manoel perguntou-me do paradeiro do Geraldo Gardênio. Respondi com uma boca torta. Ele entendeu que minha boca torta estava dizendo que eu não sabia. Aproveitei a boca torta e direcionei o rosto para Maria Leticia. A careta estava feita e, ao mesmo tempo, justificada.

Maria Letícia fez uma careta pra mim também. Achei ótimo. Não a careta dela, mas o fato de ela ter entendido a minha afronta. Ela finalmente pôde confirmar a informação de que eu não a suportava e que no fundo do meu coração nutria um ódio mortal por ela.

Por um instante, um contentamento tomou conta de mim. Eu não tolerava a possibilidade de pensar em algo que lhe fosse favorável. Diante da sua careta para mim, conclui que ela compreendera nossa inimizade.

Maria Letícia não tinha nem meio metro de altura, mas parecia enorme sentada à mesa. Sentia-se a dona do ambiente, da casa, da mesa, das bolachas de amendoim, do manjar de coco, da situação. Parecia convicta de que todos estavam aos seus pés, prontos para lhe satisfazer as vontades.

Menos eu. Ela que não contasse comigo para nada. Eu não reconhecia sua soberania. Sobre mim ela não triunfaria.

Olhava para as crianças de Manoel e uma imensa alegria me consolava: "Não são minhas! Não terei que levá-las ao colo, recolhê-las adormecidas, preparar-lhes cama, descanso. Não terei que olhá-las com ternura nem lhes tomar as lições de escola. Ah, quanto consolo há nesse pensamento, meu Deus!".

Por vezes, a vida só é suportável na comparação, concluí. Outro pensamento, um segundo, também me serviu de consolo: o tempo passa. A mesa será desfeita. Manoel voltará pata casa com sua tralha, com sua esposa, com seus filhos e seus catarros escorrendo. Eu não teria que olhá-los por muito mais tempo.

Essa porção de vida, esse sabor insuportável, que por ora sorvia, passaria. Se aquela cena fosse definitiva na minha vida, juro que preferiria a morte. Que passasse! Queria Maria Letícia longe de mim. Queria distância daquele pote de bolacha. Queria o café derramado na pia, escorrendo pelos encanamentos enferrujados daquela casa antiga. Queria Manoel exposto ao trabalho escravo, forçado, numa plantação de fumo. Queria a mulher dele com as pernas inchadas de tanto lavar roupa. Queria a Maria Letícia com dor de dente, febre alta, chorando, apavorada, sozinha, no quarto escuro.

"O que vim fazer neste lugar?!" Era a única pergunta que me fazia. Quanto constrangimento, meu Deus! Em casa, a vida no silêncio, o conforto das paredes altas, os móveis no lugar, a viuvez consolada, a solidão acompanhada, sem ruídos. Helena é uma neta adorável, e, além de sua presença discreta, minha casa é minha melhor companhia.

A manta sobre os sofás da sala de estar é um convite para um sono depois do almoço. Antes tivesse ficado lá. Minhas melhores companhias são os retratos que trago na parede. Retratos não correm, não gritam, não pedem alojamento, não enchem a boca de margarina.

Outra vez Manoel me fez perguntas. Não entendi nada do que fora perguntado. Apenas sorri amarelo e com desprezo. Não quis dispensar a ele o tempo breve de uma conversa, nem um dedo de prosa.

Os meninos ainda corriam pela casa. O barulho parecia crescer ainda mais à medida que minha paciência se esgotava. Vez ou outra, paravam perto da mesa e nos acotovelavam para retirar alguma iguaria.

Pão de queijo, broa de milho, bolachas de amendoim e o tal manjar de coco que foi a origem de toda a desgraça.

"Pena que não posso voltar no tempo!", pensei, encharcada de infelicidade. Soubesse antes que o manjar seria servido nessa ocasião, e com esses personagens, certamente teria colocado uma lata de creme de leite com validade vencida, só pra ter o prazer de ver a família, vítima de intestinos aflitos, aos gritos, impaciente, acotovelando-se para chegar ao banheiro. Maria Letícia seria a última da fila.

OS AMORES E SUAS INCONGRUÊNCIAS

Eu quis a crença do passado, mas o tempo não sabe perdoar. Não há esquecimento nem recurso a que se possa recorrer. O que tenho hoje é esta novena sem graça recebida, esta promessa engasgada de que Deus se ocuparia de meus pedidos antes mesmo do término da última jaculatória.

Quero é esquecer essa desfeita. Talvez seja uma boa oportunidade de repensar minha relação com ele.

Pensei em grunhir, gritar desaforos na porta da igreja, atentar contra o dogma que afirma a sua suprema onipotência, suspender definitivamente o meu pagamento do dízimo, mas de nada valeria. Tenho receio de que cedo ou tarde venha a sentir outra aterrorizante necessidade e dele volte a precisar. Com isso, ficaria privada de qualquer manifestação de desespero, orfandade. Com Deus, o melhor é não ter querelas. Mesmo que ele não me atenda, é sempre bom poder gritar as minhas preces na janela de sua casa.

O inchaço nas minhas pernas voltou. Com ele veio também o espírito de impotência. Quis reunir outras razões para uma visita ao médico, mas achei por bem não procurar por elas. A saúde que quero não virá dos consultórios. Tenho vivido e experimentado enfermidades que não são físicas. De nada adiantaria radiografar o meu peito. O que encontrariam?

Amor estragado pode ser radiografado? Não creio. Minhas carnes não revelariam absolutamente nada do que sou. O invisível é o que me define. O que està à vista não me revela. Minha palavra não alcança o que desejo dizer sobre o que ando sentindo.

Minha cabeça tem doido também, mas dor de cabeça é muito pouco para me fazer buscar recurso. Toda cabeça dói. É nela que o medo lança suas raízes. Medo dói. O sono que não chega é filho do medo. A insônia me desespera, é na calada da noite que mensuro a ausência que o amor me trouxe. Sofro porque ele não chegou. Saudade de um corpo que não vi, de um homem que nunca bateu à porta.

Meu sofrimento não tem memória. Não pertence ao tempo porque não tem registro na realidade. Só aconteceu no sonho, no lugar onde a esperança lança broto, faz canteiro.

Penso nos grandes amores. As tragédias amorosas nos revelam que a angústia suprema é sempre revestida de glória, heroísmo. O calvário de Cristo, a torre do sacrifício onde os amantes foram mortos, a forca do arrependimento, em todos esses cenários de amor, por mais que estejam cravados de um significado triste, prevalece uma heroica coragem de morrer por uma razão absoluta, incontestável, universal.

Cansei de esperar por essa razão. Já não tenho mais idade para esse sacrifício. Já não tenho disposição para qualquer forma de heroísmo. As esperanças do amor já passaram diante dos meus olhos. Viraram a esquina de minha vida. Por causa de minhas pernas cansadas, não corri atrás delas.

Ando preferindo a solidão de minha sala de estar. Nela há mistérios que o tempo me ajuda a recolher. Eles se escondem por todos os cantos. Ficam impregnados nas realidades materiais e emprestam eternidade ao temporário, ao transitório.

Os móveis são curiosos. O relógio da sala parecia perceber a minha eterna ansiedade com o tempo. Gostava de lhe confidenciar minhas satisfações mais ousadas. Ver os rapazes de calças curtas em dias de temperatura elevada. Observar o jeito de andar de Etalvina e imaginar como foi a sua noite com o Ferdinando, o marido de fama reconhecida. Prazeres ocultos que não acresciam em nada os pecados do mundo.

Maria Célia é nome bonito demais para a menina mais nova do compadre Celso. Não combina com ela. As feições não dizem o mesmo que o nome. Há uma discrepância entre a feiura da moça e a beleza do nome. Bem que poderia ser Jovina.

O mesmo acontece comigo, só que ao contrário. Nunca me conformei com esse nome de pássaro que meu pai resolveu me dar. Juriti é nome que me expõe ao pecado do ódio.

Pecado é coisa que não sei explicar. Só sei cometer. Aprendizado que não carece de professor. A vida se encarrega de nos iniciar nessa atividade tão desastrosa. Herança adâmica da qual não faço questão nenhuma de participar, mas não tenho escolha. Meu nome consta no inventário e não tenho como retirar. Recebo, querendo ou não.

O amor é uma coisa sem jeito. Há muitas variações no seu bojo. A uns, quero para dividir o jantar, o conselho, a vida, os sonhos. A outros, quero sem calças. Será que alguém já conseguiu reunir a comida e a nudez? Não sei.

Meu marido foi um grande amigo, e só. Nunca o desejei de verdade. O casamento aconteceu por causa das conveniências percebidas e apontadas por todos. – É o marido ideal! – diziam. Acreditei.

A crença não durou muito tempo. Levei dois dias para descobrir a incongruência entre os amores. O casamento já estava consumado. Estrada onde nenhum retorno era possível. A razão. Nasci no tempo das realidades definitivas. Durante trinta e dois anos dividi meu leito com meu melhor amigo. O amante existia, mas só na imaginação. Nunca tive forças nas pernas para ir buscá-lo. O pecado atiçou, mas não me convenceu. A moral cristã não é cartilha que joguei fora. Trago a lei de Deus amarrada nas virilhas.

Minhas filhas não sabem que meu marido não era meu amante. Sempre fui uma esposa devotada e de total dedicação ao lar. Melhor assim. A verdade não pode ser o prato principal. É sobremesa. Quando a quantidade é grande, enjoa.

Minha hora parece durar mais que sessenta minutos. O relógio da sala sabe disso. Às vezes penso que ele envelheceu também. Trabalha mais lento, perdeu a destreza, não sei. Os relógios não escapam ao motivo de seus movimentos. São vítimas do próprio veneno. Os amores também.

Desconfio de que Ordália, minha prima-irmã, também tenha sido vítima de um casamento pautado no amor fraterno. Nunca percebi nem um ar de desejo entre ela e João Cirino. A solicitude era demais entre os dois. Tira cadeira, puxa cadeira, abre porta, pega bolsa, mas nada parecia sugerir alcova, olhares desejosos. João lhe dispensava um cuidado exacerbado, como se cuidasse de uma mãe doente. Não sei, mas acho que isso é coisa de quem ama sem desejo.

    Deus que me perdoe esse pecado, mas sempre apreciei a fúria do compadre Estêvão. De vez em quando a comadre Luciola chegava com braços roxos e orelhas marcadas. Eu perguntava o que havia acontecido, e ela sorria. – Foi o Estêvão essa noite! – confessava com a voz equalizada nos tons da vergonha e da malícia. Eu ficava imaginando o que provocava aqueles vergões roxos. Quem me dera acordar roxa e embriagada de tanto amor pelo meu marido!

    Esses desejos eu os guardo a oito chaves. Sete não seriam suficientes. Uma chave a mais dificulta o trabalho de abrir a porta. Há mais belezas escondidas nos vãos das realidades que nas suas aparências. As insinuações são sempre mais interessantes que as declarações. Gosto de preservar os segredos, trancar a boca, ocultar a palavra.

    Sempre admirei a maneira como a Adalgisa Goulart administrava os segredos da família. Gravidez, doenças, dívidas. Tudo era mantido fora do conhecimento público. Há quem diga que até simulou uma gravidez com o intuito de preservar dos comentários o marido infiel.

    Sabendo que Justino havia engravidado uma ordinária, calculou o tempo que a criança levaria para vir ao mundo e resolveu passar-se por grávida. Os comentários mais detalhados sugerem que houve acordo entre as partes. A criança seria entregue no momento exato do nascimento. À ordinária não foi concedido nem mesmo o direito de oferecer o peito para a primeira mamada.

    Ninguém sabe ao certo a verdade. O que se sabe é que, por ocasião do Natal de 1968, a família fez uma viagem que durou mais de dois meses.

    Adalgisa foi grávida e voltou com Rosa Maria nos braços. Um ano depois, nasceu Maria Alfonsa, a última das filhas. O engraçado é que todas elas são muito parecidas, de maneira que se torna muito difícil um palpite a respeito do caso.

    O amor tem as suas estranhezas. Perdoar é um gesto que quase me quebra as pernas. Adalgisa deve ter engolido muito sapo por causa dessa história. O esforço se justifica no desejo de que o amor se prolongue no tempo. Decerto ela conseguiu se casar com um homem que se desdobrou bem nas funções de amante e amigo. Feliz dela!

Quero é uma mala de roupa pra lavar. Quem sabe assim o cansaço do corpo me faça dormir melhor. A noite picada é um desacato para uma mulher da minha idade. Além das lembranças e seus alaridos, minha carne volta a ser adolescente. Olho para o meu corpo no espelho e concluo: o amor fez falta por aqui. O descompasso no peito, o vacilo nas pernas, as mãos sem controle...

Ó vida que não vivi! Ó desequilíbrio que não experimentei! Fosse o meu marido também amante, quem sabe assim eu amasse um pouco menos as mentiras dos homens.

A MULHER QUE NÃO SABIA ESQUECER

O aprimorado da vida prima por ser falho. O primo primeiro de Leôncio desistiu da vida. A família não quer acreditar no acontecido. Chora e chora e reclama. Entre um choro e outro, uma garrafa de chá se presta para consolo. O líquido quente na boca distrai a língua com quentura, atrasa a palavra blasfema.

Alguém tenta entender o fato com uma indagação entre suspiros:
– Mas não é possível que ninguém tenha socorrido o homem a tempo!

Não, o socorro não estava à soleira da porta, pronto para desempenhar sua função específica. Heleninha estava no salão da Marlene. A touca térmica ajudava a fixar a cor artificial nos cabelos.

Ainda era cedo. Heleninha havia combinado o dia no silêncio de suas ansiedades. Cabeleireira às 7, manicura às 9, e depois passar na costureira para pegar o conjunto de saia e blusa que lhe cobriria o corpo para presenciar o casamento de sua sobrinha Rosa Luiza. O resto do mundo ainda dormia naquela hora.

A desconfiança é de que ele tenha cortado os pulsos logo que Heleninha puxou a porta da rua. Não esperou nem mesmo o tempo de um retorno provocado por um eventual esquecimento de chaves.

Ele sabia que Heleninha não sabia esquecer. Obcecada e convicta, orgulhava-se constantemente de sua pressurosa vigilância.

O Abílio verdureiro conhecia de perto essa sua virtude. Certa feita, perguntou com delicada gentileza se ela não estava esquecendo nada. Prontamente ela respondeu:
– Não sou mulher de esquecimentos. Eu só sei lembrar! – completou, como se quisesse se referir aos assuntos que resguardassem uma relevância maior que um ocasional esquecimento de verduras.

O primo primeiro de Leôncio sabia muito bem que Heleninha não era mulher de esquecimentos. Amargou boa parte do tempo que durou sua vida – quarenta e dois, segundo informações duvidosas, coisa de gente estranha, que fica sentada no sofá da sala desempenhando a função de ocupar espaço, porque velório sem gente é muito triste! A razão da amargura: um deslize extraconjugal, coisa rápida, um *affair* que não chegou a durar nem dez minutos e que fora presenciado por Heleninha.

O primo primeiro de Leôncio saíra para comprar cigarros. Heleninha recordou-se de que precisava de fósforos. Não deu tempo de pedir. Precisou gritar, mas o grito não dobrou a esquina, terminou longe dos ouvidos a que se destinava. Heleninha tinha voz delicada demais para gritos, por isso precisou correr atrás dele.

Ao chegar, a cena já estava composta. Não havia o que explicar. Os olhos da outra mulher estavam ali. Os olhos do primo primeiro de Leôncio também. Heleninha viu de longe. Tudo era tão vivo e inegável quanto o tempo, o calendário e sua ruidosa lixa de unhas.

A cena se desfez, mas o perdão não veio. O flagrante descosturou a confiança do corpo, abalou o desempenho da alma, que ressentida resolveu se esconder feito poeira debaixo do tapete.

Vez ou outra, o primo primeiro de Leôncio quis comentar com Heleninha o acontecido, pedir perdão, assegurar-lhe a insignificância do fato, mas Heleninha não sabia esquecer.

A verdade é que Heleninha era mulher de poucos registros, visto que a vida parecia estacionar os seus bondes em horas passadas, em carreatas já cumpridas e em bilhetes de professores advertindo de mau comportamento. Ainda trazia na carne a vergonha do primeiro sangramento, o desconforto público que a expôs de maneira tão humilhante e dramática.

Agora ali, naquele estado de viuvez culposa, limitava-se a receber os cumprimentos sem dizer palavra. Tinha diante do nariz o cheiro da morte do marido, o primo primeiro de Leôncio. O primeiro de tantos que não vieram. O primeiro e único. O primeiro e só. O único amor, a única decepção, a única tragédia. Tudo ali se revelava final diante de seus olhos, demonstrando a redução existencial a que se submetera.

Por um instante, uma sombra de devaneios a desperta para pensar o impossível e o impraticável. O amante a lhe roçar os ombros, oferecendo-lhe condolências. A joia rara a lhe enfeitar o dedo. Um lenço oferecido, e com ele a doce certeza de que o marido morreu de câncer depois de longos e longos anos regados de cuidados e esponsal dedicação. Doença que justificaria o amante solícito, pronto para ajudar a suportar a pesada carga que a enfermidade do marido certamente lhe trouxera, mas não. A vida não foi assim. A joia não está no dedo, e amante não há. O que há são coroas de flores a dizerem frases piedosas, cristãs, oportunas, ocasionais, mas sem nenhum poder de lhe curar a culpa.

O silêncio do quarto acentua sua aflição. Olha o relógio e se recorda do casamento de Rosa Luiza. A essa hora o bolo já estaria servido. Um doce imaginário se mistura ao amargo real.

A roupa preparada ainda espera pelo corpo no cabide. Em vão. O azul royal é um despropósito para vestir um corpo de mulher em dia de sepultar marido. A rosa da lapela agoniza em sua cor feliz. O dia não propõe alegrias; ao contrário, sugere culpa, choro, pequenas caridades, incômodos físicos e olhares contritos.

Heleninha tem tudo isso e muito mais. Uma dívida na funerária lhe recordará o luto em doze prestações sem acréscimo.

Tem também esmalte nas unhas. Películas delicadas que disfarçam a condição de dona de casa. Cores ocultando que as mãos são afeitas a temperos, batatas e costuras de reparos. A dama se sobrepõe por ora. Chora com delicadeza amável, como se reivindicasse o direito de retornar no tempo, de adormecer naquela hora e acordar na cena em que uma estranha se insinua ao seu marido, o primo primeiro de Leôncio.

A cena se refaz. Heleninha vê de longe. Trava o grito que pediria os fósforos. Aproxima-se. O salto da intrusa equilibra-se em meio aos paralelepípedos. O desaforo também. Os cabelos oxigenados iluminam os ombros desnudos. Heleninha chega, puxa o marido pelo braço e o distrai da ordinária, impedindo a troca de olhares, como quem protege o filho de serpente no quintal.

Comprados os cigarros e os fósforos, necessidades daquele momento, juntos atravessariam a rua, a praça, a outra rua, o portão da casa, a porta de entrada, a sala, o quarto, a vida, a inteira vida, e assim estariam resguardados da necessidade daquele esquecimento.

Uma tosse seca interrompe sua reconstrução existencial. Adelina aproxima-se solícita a oferecer-lhe um analgésico. Mas quais são as dores a serem sanadas? Alma quebrantada? Culpa por assassinato doloso? Quem dera!

Não há cura para a dor dessa hora. Não há alento para o sofrimento desse tempo. O que há é um desalento caústico, misto de arrependimento, amor represado, economia de gestos e prazeres renegados.

Um cheiro de fritura toma conta do ambiente. Alguém busca consolo num pastel de carne. Redenção em pequenas doses, prazeres permitidos e reservados para os dias trágicos.

Heleninha apenas respira. Não vive. Perdida na certeza de sua solidão, admite, pela primeira vez, a possibilidade de esquecer toda a sua vida, de ver cair do céu um homem que arrombasse a sua alma, que desobedecesse às duras regras domésticas que promulgara e que enxugasse as mãos sujas de graxa em suas toalhas sempre alvas e bordadas.

Um homem que a fizesse esquecer a culpa, o amor não amado, o perdão não perdoado, o vestido nunca vestido, a roupa azul royal do cabide, o decote da ordinária, a vida passada, mas sobretudo o seu dom de não saber esquecer. Alguém que lhe trouxesse a graça de um novo tempo, de um novo caminho.

Mas onde estaria este homem? Teria ele bigodes?

É nesse momento de ilustrações imaginárias, conspirações pecaminosas e insinuações mínimas de felicidade que uma voz grave formula uma frase de condolências, recheada de palavras incomuns, nos ouvidos de Heleninha.

A mão estendida, o brilho dourado do relógio entre os pelos do braço a faz esquecer de tudo, pela primeira vez.

É Leôncio, o primo primeiro de seu marido.

A MULHER E A VELHICE

Ser velha não é fácil. Está tudo tão próximo de mim. É tudo tão estreito. Esse corredor que me leva até a cozinha afinou com o tempo ou foram minhas ancas que ganharam vantagem?

Não tenho a palavra certa para falar com Lindalva. Erro cada vez que a ela me dirijo. Recorri ao ofício de Nossa Senhora da Penha, desejosa de recuperar a paciência da época em que era moça, mas de nada adiantou. Não há reza que possa paralisar o tempo. Ver-me rabugenta é quase um corte na língua. O sangue da vergonha corre e escorre pelos cantos da boca imaginária. Lindalva sofre de juventude. Tem ânimo demais dentro da alma. A pele tão cheia de viço é uma afronta aos meus olhos. Sofro de velhice. Tenho ânimo de menos dentro da alma. Talvez seja por isso que nossas conversas nos remetem ao campo de batalha.

Eu queria uma dúzia de ovos de galinha caipira para amassar o pão de queijo de que meu filho Modesto tanto gosta. O dia é de chuva, e o apetite fica mais apurado. A vida pede amor sem sofisticação. Amor debruçado na mesa da cozinha, perto das panelas, com caldo de chuchu. O amor é uma religião na qual o terço é rezado com as pontas dos dedos e com os lábios cheios de maternidade.

Gugermiro insiste em que vai conhecer a mulher dos seus sonhos. Escuto e rio sozinha. Dou a desculpa de que me lembrei de uma peraltice de Laurinha, e fica por isso mesmo. Desde quando mulher dos sonhos existe? O que existe é a mulher que beira o tanque e tem sabão nos cantos das unhas. A mulher com cheiro de alho na hora do almoço e alfazema no fim do dia. Quem quiser mulher dos sonhos que passe a vida dormindo.

Mulher é realidade crua. É menstruação descendo pelas pernas, é peito cheio precisando de compressas pra acalmar a dor. É gás acabando na hora de fritar o ovo; é pedido de socorro para que as latas de banha sejam guardadas no armário da despensa sem prejuízos para a coluna. Os pesos que as mulheres suportam são outros.

Mulher dos sonhos! Tenha paciência! Eu quero mais é que ele resmungue até o fim da vida, e que na hora da morte não sobre mão desocupada para segurar a sua. Quero vê-lo continuar sonhando. Haverá de cruzar os umbrais da morte sozinho, e bem acordado.

Estou desconfiada de que a filha do Juvêncio Martins esteja apanhando do marido. Desaforo. O ordinário gosta de bancar o macho aonde vai. Macheza que pra mim é o mesmo que nada. Mulher não precisa de macho; precisa de homem, e só. Macho é superlativo desnecessário. Eu bem sei o que digo. Fui vítima durante vinte e oito anos de um portador de testículos insuportável. Era macho. Gostava de arrotar em público, fumava cigarro de palha e cuspia pelos cantos da casa. Um nojo. Amanhecia mal-humorado e anoitecia azedo.

Só suportei as agruras desse calvário porque assimilei bem a minha condição de degredada filha de Eva. Felicidade? Só as inesperadas. Uma chuva em fim de tarde, o vento frio na janela, o chá de hortelã com biscoito de manteiga. A vida, a pequena porção servida numa bandeja esmaltada de um vermelho vivo, contrastando com o opaco da existência. Um andar suspeito, um malefício feito, um decote de mulher atrevida e uma tosse de macho predominante. A noite tinha histórias infelizes. A casa, o interior das causas, a vida segregada em pequenos envelopes encardidos, as paixões proibidas que o tempo resolveu romper. Uma fechadura observada, dia e noite, a redobrada atenção para que a geladeira não fosse esquecida ligada nas noites de trovoada.

Outro casamento? Outro calvário? Não quis. Bastou-me a subida sem Cirineu. O resto foi canto de Verônica que não ouvi, lenço que deve ter ficado caído pelas ladeiras de minha via-sacra. Não voltei pra buscar.

O mundo ficou mais estreito ou fui eu que engordei? Não sei. Voltei ao colégio da minha infância e fiquei abismada com a estreiteza dos corredores. Mas não houve mudanças! As construções são as mesmas! Mas onde estão os corredores amplos do meu tempo de menina?

Estão no mesmíssimo lugar. Nada foi modificado. O que há é a visão adulta que diminui os encantos.

A alça do vestido me recorda a juventude perdida. Essa pele crespa, esse ressecamento que não há creme que contenha. Eu caminho nas estradas dos contrários. Enquanto o mundo se estreita, eu me alargo. As medidas denunciam que estou me esparramando aos poucos, como se minha desintegração estivesse se antecipando. Olho no espelho do quarto e não caibo mais inteira dentro dele. O que sobra é o que deveria ser perdido, mas não há receitas mágicas. Com o tempo, tudo é mais penoso. Um grama na velhice é um quilo na juventude. Essa desproporção me assusta. O medo também. Companheiro inevitável. Antes, a coragem heroica; hoje, o despropósito absurdo de minhas coleções de receios.

Os medos são muitos. Temo a goteira em dias de chuva e temo a tramela da janela do quarto. Tudo é tão vulnerável na velhice. A porta que range na calada da noite me esfria a espinha. A explicação de antes, de que é o vento contorcendo o que pode da madeira, já não basta pra me fazer voltar ao sono.

A velhice multiplica as inseguranças. Os comprimidos também. Osteoporose é um gato de estimação que todo velho tem. Fica sentado, beirando as pernas, nos mastigando aos poucos. Eu me sinto um retrós de linha sendo puxado pela vida. Fio de lã que vai se desprendendo do novelo, caindo aos poucos, desenrolando-se e se perdendo pela sala.

Não queria ser novelo. Queria é ser novela! As mulheres das novelas não envelhecem. Brincam de ser mulheres de maridos, mas não são. Apagam-se as luzes do *set* e estão solteiras de novo. Eu não queria ser a atriz. Essa também tem marido! Eu queria ser a personagem, aquela que morre com o apagar da luz e que volta à cena quando querem os autores. Eu me escreveria. Fina, má e determinada. Mas só de vez em quando. Por vezes eu seria santa e abnegada; solitária convicta. Castidade criativa. Quereria o instante de cada felicidade, e nele poria minha demora. O deleite sem pressa, sem feijão precisando ser retirado da panela de pressão para que não seque. A vida de pintura, unhas vermelhas, cabelos laqueados e armados como se fosse um circo. Eu, feita de luzes e aplausos. A expressão sem marcas, sem rugas nos cantos da cara. O sorriso livre de cáries indesejadas. A personagem sempre linda, pronta para uma atuação perfeita. A voz determinada expulsando o marido da sala como se fosse um cão que precisa aprender a obedecer. – Sai daqui! – O grito forte, quase igual ao de Dom Pedro, às margens do Ipiranga, proclamando a independência do Brasil.

    Meu mundo está estreito. As margens de meus rios não são largas como no passado. Meu barco é lento e meu leme é torto. Onde foi parar a graça dos meus olhos? Estreitou também? A catarata avança. O olho está menor, estrábico. Não sei.

    Minha memória me trai constantemente quando o assunto é recente. Gosto mesmo é do passado. Ele está vivo dentro de mim, mas a muito poucos interessa. Dizem que já não entendo muito bem o que me falam. Falam isso porque sempre solicito uma segunda fala. Pergunto duas vezes e ainda assim não entendo a resposta. Se me calo, é por vergonha de perguntar de novo. A omissão é uma rotina.

    Ando pelas ruas sem ter destino. Vejo as vitrines e descubro que nada é pra mim. As roupas estão cada vez mais estreitas. Os sapatos não comportam o inchaço dos meus pés.

    Minha butique é a farmácia do Altemiro. Vitamina C para evitar resfriados. Aparelho para medir a pressão arterial. Protetor solar fator máximo e a ilusão de que ele conterá o avanço das manchas no rosto. Gosto de anti-inflamatórios. Tomo até sem necessidade. Tomo para prevenir. Quem me garante que não há uma inflamação rondando minhas carnes? Quero é consolar o que posso. O que não posso deixo doer. Lindalva, por exemplo. Não há comprimidos que possam curar a implicância que tenho dela. É pura inveja. Eu sei.

FELICIDADES IMPRÓPRIAS

Eu gosto mesmo é de felicidades impróprias. Só elas são capazes de deslocar minha vida, mudar o rumo, o prumo. As costumeiras, aquelas que encontro nos meus lugares e que são próprias dos meus dias, essas não me provocam muita coisa.

    Amanheci com saudade de Floriano. Aquele ordinário viajou há mais de quinze dias e até hoje nem um rastro de notícia. Ando preocupada com esse silêncio. Achei que nessas férias ele se dedicou muito pouco à família. Parece que a capital andou mexendo com a sua cabeça.

    Nos almoços de domingo, quase um sacramento para todos nós, ausentou-se por duas vezes. O frango com quiabo, que só faço por causa dele, nem foi mexido nas duas ocasiões. Floriano anda muito calado. Comentei isso com o Lourival, mas ele não quis levar a conversa adiante. Defendeu-se dizendo que não tem que se meter na vida do filho. – Pai que é pai não tem medo de fazer perguntas! – desabafei, terminando uma conversa que nem começou.

    Ando cansada de ser sozinha. Lourival acha que ser marido é só pagar as contas. Nem meu fogo ele anda apagando. Desabafei isso com Marinalva. Imediatamente ela se pôs a chorar. Nem pude continuar meu desabafo. Confidenciou-me que há mais de quatro anos o Rufino não encosta o dedo nela. Fiquei admirada. Logo Marinalva, que ainda está tão bonitona!

    Também não sou mulher de se jogar fora. O problema é que Lourival não está atuando como deveria. Talvez seja por isso que ando desejando felicidades impróprias. Bem que gostaria de ser surpreendida por ele numa noite de lua cheia. Calores, roupas que não sejam vestidos de dona de casa, calças que não me recordem as domingueiras. Sei lá, qualquer coisa que contrarie o convencional e que me faça querer deitar mais cedo, deixar acesa só a luz do abajur ou até mesmo passar um batom vermelho, coisa que nunca me permiti ao longo de toda a minha vida.

Batom vermelho sempre me pareceu vulgaridade, coisa que só fica bem na boca de mulher ordinária. Mas o que é uma mulher ordinária? De todo dia. Então eu é que sou ordinária! A outra, a que tem nome que não tenho coragem de falar, e que é extraordinária. Deus que me livre dessa verdade! Quero é um molho de chuchu com carne moída pra servir ao Lourival na hora do almoço. Ele costuma dizer que não há comida do mundo que se compare à minha. Fico toda orgulhosa, mas depois passa o orgulho.

Ando querendo orgulhos que permaneçam por mais tempo em mim. Alguma coisa que seja duradoura e que não esfrie com a panela depois que o almoço for servido. Há mais consolo nas palavras que nos chuchus, mas Lourival não sabe disso. Eu é que não vou contar.

Lourival sempre foi um bom marido. Dedicado, nunca me deu motivo para desconfiança. Ao contrário, minha confiança nele sempre foi cega. Ser cega é um jeito bom de ser mulher. "O que os olhos não veem o coração não sente", minha mãe já repetia, com sabedoria. O que está oculto não é vivo. Repousa no silêncio da existência e nos priva de choros e manifestações vergonhosas. Chorar é tão vergonhoso! Tossir também. Tenho vergonha de tudo o que me expõe frágil. Tosses e choros andam de mãos dadas. Nascem pelos mesmos motivos.

Ainda não curei a minha bronquite. O doutor Sebastião Sobreira insiste que é psicológico. Acho uma afronta ele dizer isso. Disse que doenças respiratórias são manifestações de carência. Olha o atrevimento dele! O pior é que me deu esse diagnóstico diante do Lourival, que ao ouvir a frase se limitou a soltar um risinho de canto de boca, acompanhado da frase que não diz absolutamente nada e que todo mundo repete: – É a vida!

Saí do consultório pisando duro, desejosa de demonstrar a minha ira. – É a vida! – repeti na escada, como se estivesse com indigestão. Nem o retorno eu quis marcar.

Visivelmente arrependido do comentário irônico e infeliz, Lourival me perguntou se eu queria aproveitar para passar no supermercado e fazer as compras da semana. Prontamente aceitei. Carrinhos de compras aliviam amarguras.

Entrei no supermercado e queria esquecer as carências respiratórias. Ali o mundo fluía diferente do universo dos consultórios.

Queria esquecer aquele quadro triste, pendurado na sala de espera. A enfermeira modelo, a mocinha bonita que nunca frequentou faculdade de enfermagem, como o dedo indicador pousado sobre os lábios, ordenando silêncio.

Chega! Nada de prateleiras cheias de medicamentos, receituários e diagnóstico infeliz de um médico que não sabe ver a mulher um palmo além do nariz. Minha alma desejava o encanto das estantes cheias de produtos coloridos, recheadas de novidades, lançamentos fantásticos, anúncios luminosos de promoção. Por um instante pude me aproximar do prazer que Eva deve ter sentido ao ultrapassar os limites do paraíso.

Aquele lugar era minha perdição, mas era também o meu paraíso. Pilhas e pilhas de latas iluminadas por cores que não combinam com bronquites.

O cheiro dos produtos, a limpeza dos corredores, a música ambiente e de vez em quando uma voz suave no serviço de som solicitando a presença da vendedora Cássia no departamento de pessoal, tudo faz com que o supermercado vá apagando a lembrança do diagnóstico vergonhoso, humilhante.

Aos poucos, num suave movimento de esquecimento do mundo, fui saindo de mim e misteriosamente me entregando aos encantos daquele lugar. Alegrias embaladas, prontas para o consumo. Ofertas-relâmpago, promoções que me convenciam a levar algo de que não necessitava.

"Cássia, quem será Cássia?", pensei, Cássia, um nome que desconheço, uma vida em que não esbarrei. Alguém que nunca encontrei. O que será que queriam dizer a ela? Notícia de morte? Promoção? Repreensão? Não sei. Será que receberia uma humilhação em público, dessas que todo chefe boçal prefere fazer às claras? Fosse o que fosse, tive pena de Cássia. Rezei por ela no momento exato em que Lourival me perguntou se levaríamos chá de fora ou chá de dentro. – Leva a do meio, Lourival! – respondi sem saber, desejosa de encontrar um equilíbrio que me dispensasse de prestar atenção à pergunta dele.

Eu queria mesmo era saber de Cássia. O que eu verdadeiramente desejava era ter coragem de largar aquele carrinho no meio do caminho e ir com ela até o departamento que solicitava sua presença. Chegaríamos juntas. Eu lhe diria que estaria com ela em qualquer situação. "Seja o que for, eu não te abandonarei, minha adorável amiga!", pensei, querendo reformar o mundo, quase discípula de Teresa de Calcutá!

Tenho pena de quem carece. Talvez seja porque neles eu me reconheça. Admiro quem tem a coragem heroica de se doar aos necessitados. Ainda não aprendi essa arte. Coração comovido que não manda sangue para a ação dos braços não transforma o mundo. É coração vagabundo. É coração ator, que chora só porque a cena pede choro.

Cássia, Cássia, eu te imagino franzina, filha de pai agressor, mãe alcoólatra e irmãos perdidos no mundo. A única que trabalha, não tem tempo para a felicidade. É do serviço para casa, da casa para o serviço. Nenhuma vaidade, nenhum direito assegurado. Contas atrasadas, relógio de pulso sem bateria, sem dinheiro para a reposição. Uma receita médica que não pode ser aviada, sem possibilidade de aviamento; uma dor nas costas que não passa, coisa sem jeito. Um corte de pano que há mais de dois anos espera pelo recurso do feitio. Costureiras andam careiras. Eu sei disso, Cássia, eu sei.

Os dedos sem anel, sem contornos dourados, prateados, sem luvas de quinze anos, sem esmalte. Os olhos sem muito brilho, a boca sem muito sorriso. A rinite alérgica, as espinhas esparramadas na cara, as orelhas sem brincos. Eu imaginava.

Voltei à realidade com a voz de Lourival querendo me fazer um agrado: – Leva um creme desses que saíram para rugas! – sugeriu, com autoridade de esteticista. Uma felicidade imprópria me invadiu.

Um corredor de supermercado não é lugar para amor carnal, mas era justamente o que eu desejava naquela hora. Os olhos de Lourival, o carinho da sugestão, a música ambiente. Há quanto tempo eu não via aquela cena em minha vida, meu Deus! As mãos estendidas em direção à prateleira, o tom de voz macio, mistura de pai e amante, coisas que há outros tempos pertencem. O tempo da conquista, do primeiro toque, quando o amor ainda não diferia as funções. Era pai, era amante, era irmão, tudo ao mesmo tempo.

Mas naquela hora o que prevalecia nos olhos e na voz de Lourival era o marido amante, o homem que despertava minhas destrezas de mulher sem que isso me parecesse pecado. Pudera eu ser amada naquele local! Ajeitaria sem muito zelo um espaço entre os desinfetantes e me entregaria feliz nos braços de meu Lourival. Outra vida eu não queria naquele instante.

Para ser bem sincera, o único desejo que dividia minha alma, naquela fração de tempo, era ser mãe de Cássia. Desejo de comprar-lhe – depois do amor conjugal, é claro – um pacote de bolachas de coco, para que ela pudesse comê-las com uma xícara de café com leite.

O tempo não me poupou dos sustos que lhe são próprios. O devaneio foi cortado pelo grito de uma senhora avisando ao seu menino que, se não se apressasse, chegaria atrasado à escola.

Uma tristeza profunda tomou conta de mim. A escola é um lugar triste demais para uma criança. Olhei para o garoto e tive a sensação de que ele me pedia socorro. Parecia me implorar ajuda. Era como se eu tivesse diante do sacrifício de Isaac, com a possibilidade de convencer Abraão do absurdo que estava prestes a cometer. O grande problema é que eu não tinha forças naquela hora. Ainda estava sem roupas, e as mãos de Lourival ainda me acariciavam os lábios – o devaneio leva tempo para nos devolver as roupas.

Alguém poderia salvar aquela criança dessa condenação tão hedionda? Por onde andava Cássia? Por que não vinha segurar a mão de Isaac? Por que não vinha se solidarizar com aquele que era tão miserável quanto ela? Que ao menos viesse cuidar da criança até que eu perdesse o ar de mulher extraordinária, vestisse novamente as minhas roupas e voltasse a me parecer com as mães dedicadas. Ai, meu Deus, não mereço essa agonia! Não bastasse a humilhação que recebi do doutor Sebastião Sobreira, agora tinha que suportar aquele conflito de consciência.

Meu devaneio se desfez definitivamente com o anúncio da promoção de frangos congelados. Que tristeza! O congelamento do frango atingiu minha alma. Lourival quis saber de minhas intenções em relação aos frangos. Olhei bem na cara dele e fiz questão de desprezá-lo. O mesmo desprezo que eu queria ter dado ao doutor Sebastião. Mas esse dia virá. Ando sem paciência para sacrifício. Aliás, ando descontente com meu desempenho na vida. Antes, era capaz de prolongados sacrifícios e penitências. Hoje, mal consigo abster-me de carne na Semana Santa. Talvez seja por isso que esteja tão despreparada para a humilhação. Mamãe sempre nos alertava: os exercícios espirituais fortalecem o corpo. Eu só não entendia a razão das inúmeras enfermidades do padre Leopoldo. Ousei perguntar uma só vez. Um tapa na boca foi a resposta.

A DONA DA FUNERÁRIA

Esperança é igual uva; só é boa no cacho. Amarrei meus sapatos na Quinta-Feira Santa e só vou afrouxá-los no domingo da Ressurreição. Coisa boba em que ponho devoção só pra ter o que fazer nesses dias em que a tristeza é uma obrigação. Qualquer sorriso nessa época é afronta aos santos. É laranjinha azeda gerando careta no padre Valdemar.

    A vida no ano setenta e seis estava uma secura de dar medo. Quando caiu a última chuva minha mãe ainda alimentava a esperança de ver gerânios na entrada da cozinha. Secou hortelã, secou manjericão, secou o cabelo das espigas, secou broto de gerânio, secou minha mãe, e nada de cair gota de chuva na terra. Esperanças sobrevivem às grandes estiagens. Violetas, não.

    Insisti muito no cultivo de girassóis, mas não tenho cacife para realizar meu sonho, não sou russa, não sou Sofia Loren, e por isso terei que me contentar em correr no meio de um canteiro de margaridinhas. Sou apenas a atendente da Perfumaria Glória, a filial. Sou mulher miúda, de passos estreitos, solitária, atrevida, mas contida na capacidade de esperar por milagres.

    Meu vale é sempre cheio de lágrimas, mas não me queixo. Uma rosquinha de nata com café com leite e a alegria retorna na pressa de um galope. Lamentar o impossível é o mesmo que andar em canteiros de vidros cortados. Prefiro amar a crueza da realidade; descobrir no martírio a glória reservada aos heróis e depois tomar um suco de morango com leite, desnatado, jeito de preservar o coração dos malefícios das gorduras que o deixam lento. Já chega a lentidão dos dias. Coração descompassado atrai tristeza. A destreza retarda a melancolia. Eu quero esse retardo.

Reclamei com o Juvêncio do preço da costelinha de porco. Ele desconversou igual político. Tivesse eu disposição e abriria um açougue só pra vender mais barato e, mesmo tomando prejuízo, mantê-lo, até falir o seu estabelecimento. Depois pagaria minhas dívidas e fecharia o meu também, mas até pra desaforos estou indisposta. Queria mesmo é um chá de laranja pra espantar a gripe nesses dias frios. Chá e cama. A chuva fina tem intensificado ainda mais a sensação de friagem. Não sei se é a velhice que me toma, mas tenho sentido ainda mais a demora das horas. Tudo parece mais lento.

Ficar na janela já me deu mais gosto, mas hoje, não. A comadre Leninha leva quase uma hora e meia para fazer o percurso que antes não lhe custava mais de quinze minutos. Quase morro de tanto dó. Parece uma lesma. A pobrezinha está ficando cega. Já alertei o Arnaldo para que não a deixe ir sozinha buscar leite na mercearia, mas ele disse que ela se ofende seriamente cada vez que alguém toca no assunto. Então deixa morrer. Com saco de leite na mão para humilhar ainda mais o cadáver.

Acho tão humilhante morrer. Ser exposta na feiura do último desespero, no susto de último suspiro. Há sempre um comentarista que se encarrega de descrever o defunto para quem não teve como dar uma saidinha do serviço para ir conferir o velório. As frases variam. "Quem não o conhecia não o reconheceria de tanto que estava magro!" Claro! Quem não conhecia o defunto como é que ia poder reconhecê-lo? Reconhecer o que não conhecia? Reconhecer é confirmar o conhecimento.

Há aqueles que vão para ver se recordam o defunto em vida. Chegam em grupo, olham e depois comentam entre dentes: "Não me lembrei dele, não! Você se lembrou, comadre?" Ou então: "Gente, ele passava na porta de casa todo dia! Não sabia que era ele!". Absurdo. A morte nos expõe tal qual animal na jaula do zoológico. Jaula definitiva, inevitável.

Já pensei em abrir uma casa funerária. Só pra fazer concorrência ao Heliodorinho. Coisa triste esse nome, meu Deus! A gripe aviária nem chegou ao Brasil e dizem as más línguas que ele triplicou o pedido de urnas aos seus fornecedores. Está esperando um aquecimento do mercado. Pode uma coisa dessas?

Penso que os ritos funerários são muito tristes. Precisamos trazer um pouco mais de alegria para os nossos velórios. Chega de defuntinho maquiado, rodeado de florzinhas mimosas. Eu os prepararia de maneira diferente. Na minha casa funerária, substituiria as mortalhas tradicionais por fantasias engraçadinhas. Já imaginou abrir o caixão no meio da sala, repleta de familiares contritos, e o velho defunto estar vestido de palhaço? Em vez de choro, riso geral. As crianças se divertiriam e os adultos também. Em lugar de flores, pequenas bolas coloridas contornando o corpo da velha senhora vestida de odalisca. Nada de velas acesas. Isso só realçaria a tristeza dos familiares. Precisamos driblar a hora da morte, não podemos reforçar ainda mais os seus traumas.

Eu fico indignada. A morte não considera as diferenças. Os rituais são ofensivos para os que estão mortos. A exposição do corpo, sua expressão carregada de desespero, palidez. Meigos e rústicos colocados na mesma mortalha. Coisa triste e inevitável, mas o destino de todo machão é ficar com a cara rodeada de florzinhas.

Podemos imaginar. A velha Carlota morreu. Vamos vesti-la de baiana. Vestido rendado, alvo, colares coloridos, turbante na cabeça. Em vez de flores, frutas, muitas frutas. Fatias de melancia ao redor do rosto, abacaxis na altura da cabeça, mãos cheias de uvas, goiabas expostas com seus miolos vermelhos, vivos, cobrindo as pernas, desenhando os espaços.

Deixemos de imaginar. Na funerária de Heliodorinho uma pobre velha fica ainda mais velha. Crisântemos evidenciam ainda mais a velhice. As velas ladeando o enorme crucifixo de metal realçam ainda mais a palidez do cadáver.

Não quero isso pra mim. Já que não terei o prazer de morrer jovem, e de ser eternamente lembrada como "a bela moça que perdeu a vida de maneira tão inesperada", quero ao menos o direito de ser uma morta menos feia.

O problema é que não tenho ninguém para me ajudar nessa empreitada pós-morte. A condição de mulher sozinha me acompanhará até o sepultamento. Até já pensei em registrar em cartório meu desejo de ser sepultada sem exposição pública, mas o ódio que Jandira Justina nutre por mim me paralisa e me impede de tomar essa iniciativa. Enquanto ela for dona daquela espelunca, nenhum documento ali emitido poderá me favorecer em alguma coisa.

Vou levando meus dias como posso. E, quando não posso, não levo. Deito na cama e quase apodreço de tanto dormir. Quase morro de antipatia quando vejo a Vera Laurindo sorrindo, carregando aquela trouxa de roupa na cabeça. Pessoas felizes me irritam profundamente. Só suporto alegria na cara de gente morta. E tem outra: defunto bom é defunto enterrado. Pronto, falei.

A MULHER
E O TEMPO

Adentrei o estabelecimento desejosa de liquidações. Em tempo de carestia e prejuízos afetivos, a materialidade da vida pode nos prestar socorro. A roupa bonita exposta na vitrine pode nos fazer esquecer o abandono sofrido. Sei que esse esconderijo é feito de palha. Conheço muito bem a fragilidade desse unguento. Mais cedo ou mais tarde temos que recolocar os pés na dureza do território da solidão. Mas toda alma merece esquecimentos.

    O requinte do ambiente estava definitivamente firmado pelas cores sóbrias que o revestiam. Fachadas e vitrines me avisavam de que, embora fosse tempo de queima de estoque, os valores não seriam convidativos. Mesmo assim quis me arriscar num passeio de reconhecimento do local tão afamado. Precisava aproveitar a ocasião. Em dias de minha rotina de trabalho apertada, eu jamais me permitiria aquela aventura. Só mesmo naquele curto intervalo de férias me foi possível andar por outros lugares que não fossem os corredores do Hospital Universitário.

    A tarde era fria demais para aquela época do ano. O inverno já havia se despedido, mas uma semana de chuvas intensas foi suficiente para que as temperaturas voltassem a despencar. Eu estava mergulhada em motivos tristes. Olavo resolvera ficar mais uma semana em Santo Antônio do Pinhal, mesmo sabendo que esse seria o tempo de que eu dispunha para estar com ele. Sugeri ir ao seu encontro, mas ele disse que não poderia me receber por lá. Justificou-se com palavras confusas e desconexas.

    A recusa de Olavo me atingiu com intensidade. Eu havia feito planos, sem levar em conta que planos que abrangem a presença de outra pessoa requerem cumplicidade nas intenções. Minhas expectativas eram grandes. Tencionava viver a pequena folga ao seu lado. Por vezes

O amor nos pede o esquecimento do tempo. Era tudo o que eu desejava: esquecer o peso das horas. Sua recusa fez o contrário: mergulhou-me numa letargia pavorosa.

Após dois dias de absoluta reclusão, resolvi colocar meus pés em algum lugar que pudesse me distrair de mim. Entrei no meu carro e, quando percebi, já cruzava as portas principais do suntuoso conjunto comercial. Tudo era muito elegante e moderno.

A agonia não tardou a começar. Sem conhecer sua causa, senti minha cabeça pesada como se sobre ela estivesse assentada uma ciranda de crianças minúsculas em ligeiros rodopios. Olhei para o teto e descobri a causa de minha tortura. Fixados em toda a extensão dos corredores estava um exército de ventiladores. Não eram comuns. Não eram quaisquer. Pertenciam à ordem de objetos raros, bem-acabados.

O movimento lento dos ventiladores provocou minha irritação. Fossem rápidos em suas circularidades programadas e eu não perceberia seus movimentos.

Eram muitos. O fato de terem sido dispostos a poucos metros uns dos outros parecia distanciá-los de sua utilidade, como se deles não se esperasse frescor de vento provocado pela ciranda da hélice, mas a lembrança do movimento do mundo, sob o impulso do tempo.

Eu os enxergava sem neles fixar os olhos. Olhava-os na sombra que eles provocavam, como se o movimento contínuo tivesse cores que me atingissem em minha vertical condição. Eu os percebia como se fossem aves em rasantes desgovernados, bater de asas em descompassos que me expunham ao medo de que me alcançassem, me tocassem ou soltassem seus excrementos sobre mim.

Os ventiladores. Não era possível esquecê-los. Existiam num revestimento de durezas, embrulhos de aços em recortes de dimensões pontiagudas, ameaçadoras, obtusas. Pairavam sem leveza, pairavam obrigados, fixados, arquitetados numa obrigatoriedade espartana, dando-me a impressão de que cumpriam ordens superiores.

Não pertenciam à ordem das coisas que são de natureza poética. Não eram moinhos de vento, não eram moinhos de água. Deles não se desprendiam os fios que amarram os significados das coisas. Deles não nasciam poemas, canções, nem sugeriam inspirações.

Aos poucos fui compreendendo. Os ventiladores sacramentavam a presença do tempo. Cumpriam o ofício de me recordar que a vida se esvaía aos poucos. Os giros lentos e constantes das hélices prateadas empurravam-me para um futuro que me distanciava da predileção de Olavo, um tempo em que a conquista a ser realizada o colocava em constante estado de vigília amorosa e fiel.

Os ventiladores aguçavam minha percepção do imaterial. Colocavam-me diante do destino de morrer em partes, apressando-me na sina de minha inevitável desmaterialização, dando-me a convicção de que naquela hora ruíam em mim carnes e sonhos.

O movimento das hélices me reportava a outra forma de movimento. O instante me ensinava. O tempo só é suportável quando não o percebemos. Como o rio em remansos processos que não findam, costura de águas onde o tempo se entrelaça tão cheio de destreza, infância e coragem. A tranquilidade das águas que aos meus olhos se dá não é sua verdade. É no mais profundo que o ser do rio prevalece. Correntezas violentas o movem, levam-no em apressados rodopios, movendo o interior, varrendo as profundidades. Aquele que o vê da margem nem imagina. A calmaria da superfície não nos permite perceber que o rio está se despedindo. A tranquilidade aparente segreda a fúria que o move. Entorpece os olhos que nas margens repousam, impedindo-os de perceber que o rio está passando.

A consciência de que a vida está passando pode nos sufocar. O aprendizado já é velho dentro de mim. Nasci à beira de um rio imenso. Minhas lembranças são interessantes e ensinam. Meu tempo estava diretamente ligado ao movimento do rio. Eu o via de longe. Gostava de percebê-lo lento, como se estivesse estacionando para esperar por mim. Passava horas e horas em estado de contemplação. Sempre que podia, eu me aproximava. Gostava do medo que ele me causava. Temia aquele volume imenso de águas. Minha estrutura era pequena demais para tanta grandeza.

Os corredores repletos de pessoas pareciam rios em deslocamento. Eu estava à margem. Olhava o movimento das pessoas e tentava interpretar suas expressões faciais. Elas me pareciam felizes, ocupadas com suas compras, conversas ao celular. Estavam no tempo, mas absorvidas numa felicidade que lhes possibilitava esquecê-lo.

Eu e o rio. Sua calma funcionava como uma espécie de torpor, esquecimento de mim. Fala oculta que me negava intuir os conflitos da profundidade. Queria o rio tanto quanto queria a mim. Querer sem ansiedades, sem pressas, sem tropeços de enganos.

As vitrines tão cheias de cores não sabiam o que dentro de mim acontecia. Os transeuntes e suas sacolas abastecidas de inutilidades também não poderiam saber. Um corpo que anda é um conjunto de mistérios que se desloca. Aos olhos de todos eu era um rio qualquer. Todas aquelas pessoas estavam ali por razões distintas das minhas.

Eram margens indiferentes. Não participavam das causas que moviam meus pensamentos. Estavam debaixo dos mesmos ventiladores, mas não os perceberam como eu. Não foram afetadas da mesma forma. E por isso eu estava só. Absolutamente só.

A CHAMINÉ

Havia qualquer coisa de estranho naquele olhar. Era como se uma culpa me atingisse e me projetasse para a necessidade de uma confissão, um jejum ou um gesto de misericórdia. Ele parecia conhecer esse meu segredo. Olhava ainda mais quando percebia minha tentativa de fuga. Não havia palavras. A prosa era o olhar, o vocábulo mergulhado no silêncio, embebido de pausas, tão cheio de intenções.

Papai nunca permitia que estabelecêssemos conversas com seus peões. Entrávamos, serviamos o café e depois voltávamos para recolher as xícaras. Vez ou outra eu arquitetava uma necessidade que me permitisse cruzar com discrição a grande sala. Ladeando os móveis, quase escondendo o rosto nas cortinas laterais, eu abaixava os olhos e fingia desconsiderar a presença daquele homem tão desconfortável à minha alma.

Eu não o olhava, mas sabia que ele acompanhava minha passagem. Tinha medo de parecer vulgar. Tinha medo de que me achasse oferecida. Queria preservar-me de qualquer desconfiança de sua parte. Queria apenas que me percebesse. Queria que me visse sem a bandeja, com os braços soltos, ancas mais leves, prontas para um movimento que não é próprio de moças de família. Queria que me visse distante do olhar censor de meu pai.

Pensar que seus olhos estavam grudados em mim trazia-me a sensação de que naquele momento ele desprendia as amarras de minhas saias. Minha nudez vergonhosa, quase pecaminosa, pronta para ser repreendida pelo padre Inocêncio.

Quis muitas vezes perguntar a ele alguma coisa. Algo que me permitisse acesso ao seu mundo rude. Uma pergunta qualquer, sem razão, sem motivo. Uma pergunta só pra ter uma resposta em que nem poria minha atenção. Queria apenas a possibilidade de ouvir aquela voz rouca emitida só pra mim. Uma voz particular, direcionada, molhada de motivos secretos que ultrapassassem o significado das palavras. Faltou coragem.

Poucas vezes experimentei a oportunidade de tê-lo a sós. Certa feita ele chegou antes do combinado e precisou esperar por meu pai. Senti a espinha doer ao me deparar com ele sentado no sofá. Coçava o bigode, pensativo. As pernas cruzadas evidenciavam as botas que lhe acentuavam o aspecto de bravura. Os olhos pareciam me agredir, tamanha a severidade com que me olhavam. Suportei o olhar por alguns segundos e saí, desconhecendo a direção tomada. Esbarrei o joelho na quina de um tamborete que ficara esquecido no meio do caminho e suportei a dor sem provocar ruídos. Varei o corredor da sala e fui sentar-me à porta da cozinha, quase desfalecida pelas dores do joelho e da alma.

Outra feita, quando o relógio anunciava o meio do dia, fui buscar uns ramos de manjericão perto do monjolo, e ele estava descansando ali, deitado próximo ao local do meu destino. Parei, obedecendo a uma prudente distância, e pude observá-lo com devotada calma. O chapéu sobre o rosto, as mãos cruzadas sobre o abdômen, as pernas entregues ao descanso e o ressonar tranquilo, que pude perceber pelo movimento do peito. O homem estava ali. O peso do olhar desconfortável que povoava meus pensamentos desde a infância. O homem que eu admirava desde o tempo em que ainda me ocupava com bonecas e guisados no quintal. O homem a quem eu amava, mesmo sem saber o que era o amor. Por sua coragem, por sua bravura, por sua beleza. O homem a quem eu desejava entregar meu corpo, minha inocência. O homem a quem eu reservava o colo, desejoso de que nele ele depositasse sua descendência.

Gostava de imaginar o lugar onde ele dormia. Olhava para o galpão que ficava próximo ao estábulo e dominava o desejo de me aproximar. Papai insistia em dizer que aquele território era proibido para suas mulheres. Tereza, a menos temerosa, tentou infringir a regra duas vezes. Papai nunca soube. A ameaça de punição partiu de mamãe: "Eu corto dois dedos do seu pé, menina!". Tereza avaliou que o prazer não valeria a mutilação.

Eu imaginava. Tecia nos meus sonhos colchas de retalhos e toalhas de crochê. Retirava os lençóis, colocava-os no molho, quarava-os, perfumava os colchões. Abria as janelas para que o ar fosse renovado; colocava cortinas que conferissem um ar familiar ao local e preparava mesa farta para o café da tarde. A vida na cozinha, a labuta interminável a que minha condição de mulher me obrigava, os desejos da carne saciados em chegadas inesperadas – sol alto indicando três horas da tarde quando o gado carece de água no cocho de madeira, antes de ser recolocado no curral. Eu, no borralho da felicidade absoluta, sem os luxos de castidade infértil, pobre, abnegada, deserdada pela fúria inconsequente de meu pai, mas amarrada nas forças daqueles braços proibidos, feliz e amada. Tudo me fazendo concluir que herança melhor não podia haver.

A via das sombras é o prêmio reservado aos que não gritam ao mundo os desejos que têm. Guardei mais do que deveria. Vida preservada é vida não vivida. Noites e noites de desejo acorrentado, inconfessado. Ninguém soube, ninguém nunca imaginou. Só eu acreditava no que sentia. A solidão superlativa o desejo. Não confessado, ele parecia dominar todos os poros do corpo.

E assim foi. Quando dezembro chegou com suas chuvas miúdas de adormecer esperanças e amadurecer jabuticabas, meu pai anunciou o casamento do capataz com Maria Rosa, filha mais velha do caseiro José Policarpo. Moça simples e afeita aos trabalhos pesados, certamente teve tempo e oportunidade de viver os cortejos do moço sem as mesmas dificuldades que eu enfrentava. Uma trouxa de roupa lavada na nascente do córrego, um encontro na volta, uma roupa de cama devolvida, um roçar de braços na hora de pegar o balde de leite, e o amor encontrou ocasião.

Ela foi favorecida pela proximidade. Enquanto ela transitava pelos mesmos caminhos do rapaz, eu vivia a condição de mulher acorrentada na torre.

O casamento foi celebrado na capela da fazenda. Não fui. Meu pai ofereceu um boi para uma tarde de festejos. Eu não quis. Não havia o que festejar. A casinha recém-construída ficava no alto do morro. Da janela do meu quarto eu a avistava. Quando rompeu a primeira manhã depois do casamento, quando a luz começou a incidir sobre o lugarejo e a chaminé da pequena casa soltou uma fumacinha tímida, insinuando felicidade com cheiro de café, senti vontade de me atirar de minha janela com o intuito de interromper a minha vida.

Imaginei. A casa simples, o fogão de lenha aceso, a broa de amendoim saindo do forno, o pão de queijo recém-assado, o leite fervido, o silêncio dos móveis e o pequeno rádio tocando modas de tristeza. Imaginei. O capataz de banho tomado, ainda sem camisa, a toalha enrolada na cintura, a porta do banheiro entreaberta e o vão me permitindo ver o barbear lento e ordenado. As costas largas, os contornos de homem feito, pronto para um socorro no meio da madrugada. Eu, mulher recém-acordada, ainda doída de tanto abraço e pronta para amparar meu homem nos primeiros cuidados do dia. A lida à minha espera. A roupa suja, a casa por ser limpa, as galinhas para tratar, os ovos para recolher. Caçar os ninhos das poedeiras, varrer o terreiro, amarrar as vassouras e depois fazer um almoço para dois.

De súbito, a imagem desfez-se na fumaça da chaminé. Olhei meu quarto e percebi o despropósito. A cama alta, os lençóis rendados, alvos, macios. A penteadeira repleta de colônias, cremes, enfeites para os cabelos. Nenhum fogão de lenha aceso, nenhuma chaleira fumegando, poética, recordando-me os contos de gente simples e feliz.

Por um instante quis pôr fogo na casa. Começaria o fogo no meu corpo, mas achei que seria sofrido demais. Fechei a janela. Escureci o quarto. Quis dormir de novo. Em vão.

A fumaça já não era fator exterior. A chaminé agora estava dentro de mim. Uma fumaça fina, constante, impertinente.

Aos poucos, a alma sufocada, intoxicada da felicidade alheia, quis render-se ao esquecimento. Felicidade alheia é o ódio próprio. Fiquei sem ar. Durou um minuto. Quis apagar o fogo do fogão imaginado. Um balde de água na lenha acesa e avermelhada. A fumaça aumentou. Que desgraça! Mas não há como apagar o fogo sem a intensidade da fumaça final. Que seja assim, então.

    Já somei vinte e seis anos desde aquela manhã em que intoxiquei minha alma. Ainda vejo a chaminé sinalizando que a vida amanheceu na casa do capataz. Meus lençóis ainda são alvos. Minha alma também.

A JUSTICEIRA

Indecente. Só porque cambaleei na escada da cozinha a infeliz destampou a rir. E ainda por cima fez um gesto de mulher vadia pra despertar o riso de Rosilene, que estava do outro lado, na porta da sala.

Preguei meus olhos na cara dela e a desafiei sem dizer uma só palavra. Mulher dessa laia não merece discurso. Com uma bisca dessas não gasto nem uma vírgula. Ordinária. Acha que oxigenar os cabelos é bancar a moderna.

Cafona. Não tem onde cair morta e fica se equilibrando naquele sapato de salto, único, de verniz e com aspecto de liquidação, típico de mulher que se diz emancipada. Nojenta. Come couve e arrota caviar. Fosse eu a parteira que a trouxe ao mundo e teria enforcado a cria antes do primeiro choro.

Quem sabe assim essa infeliz não teria acabado com o casamento da Joelma, filha mais nova do compadre Arlindo.

Bancou a amiga, comeu no mesmo prato, criou intimidade. Ora uma xícara de açúcar emprestada pra terminar de coar um café, ora uma medida de arroz para completar o almoço, e depois o pulo de naja. Quando Joelma chegou, seus olhos não podiam acreditar no que viam. A indecente estava deitada na sua cama, nos lençóis que engomara, e o pior: com o seu marido.

A infeliz ainda quis explicar, gritando, seminua, no portão de entrada e enrolada no lençol, o mesmo que Joelma engomara: – Não é nada disso que você está pensando, Joelma! Venha aqui, amiga! Explicar-me-ei!

Que nojo. Por que usar aquela mesóclise? Inoportuna demais para um momento tão delicado. Soava como afronta à ignorância de Joelma, que por motivos de pobreza só havia cursado o primário. Português correto numa boca que nunca esbarrou na retidão de caráter.

Ah, tenha paciência! Explicar o quê? A cena já dizia por si só. Descarada! Fosse eu a mulher traída e moeria uma vara nas costas da desavergonhada.

Joelma, a que engomava os lençóis, nunca mais foi a mesma, pobrezinha! Continua casada com o Gerson Aroeira, mas a tristeza nunca mais se despregou de sua cara. É quase uma cera a lhe cobrir as feições.

A cada ano que passa ela parece envelhecer dez anos. Mas não é por menos. Uma vergonha daquele calibre é capaz de destruir qualquer cristão.

A rua estava repleta de pessoas. Havia um agravante: Italvina Quirino estava presente. Ela vale por trinta pessoas. A língua não cabe na boca. Estava passando por acaso no momento da tragédia e assistiu ao espetáculo da primeira fila. Mais tarde, relatou-o com riqueza de detalhes aos desinformados.

Eleonora Mendonça também presenciou a cena. Sua pessoa contabiliza o valor de vinte. Língua ferina. Não é à toa que tem apelido de Rádio Municipal. Dá notícia de tudo e ainda faz intervalos de propaganda.

Joelma não teve força de dizer palavra. Ficou amuada no canto do muro enquanto as pernas tremiam na tentativa de reencontrar o equilíbrio. Edilva Gonçala trouxe um chá de cidreira, mas Joelma não destrancava os dentes.

Travada, não ia nem pra frente nem pra trás. – Crise de nervos – diagnosticou Jurema do Altevino, espremida num vestido vermelho, prestes a explodir com a imensa pressão das carnes volumosas.

Dura feito uma rocha, Joelma precisou ser removida pelos oito irmãos. Parecia um chumbo de tão pesada. Aos cinquenta e seis quilos do corpo somava-se o imenso peso da ingratidão, do rancor, do ódio e da humilhação.

Enquanto isso, a ordinária parecia leve feito uma pluma. Amparada pelo safado do Geraldo Figueira, fingia que chorava. De vez em quando simulava alguns soluços. Estendia os braços para o céu e clamava por São Jorge. Desaforada. Clamar aos céus? Isso é blasfêmia que não posso admitir.

— Não serve nem pra fazer sabão — comentou Rosa Valdomiro do Amor Divino, que, a propósito, em nada faz jus ao nome que tem. Amarga feito fel, Rosa nunca ofereceu um sorriso a quem quer que seja.

Papai é quem tinha razão quando dizia: "É de pequenino que se torce o pepino!". Nunca entendi muito bem o que ele queria dizer com isso, mas sei que essa frase era usada todas as vezes que ele precisava nos aplicar um corretivo. Papai era muito enérgico conosco. Piávamos fino com ele. Ainda bem que era assim. Fosse ele um molenga e todas nós seríamos mulheres de vida fácil, iguaizinhas a essa infeliz.

Dizem que essa foi a primeira profissão que o mundo conheceu. Deus que me perdoe se eu estiver sendo injusta, mas, se essa foi a primeira profissão, quem acertava os salários era o diabo.

Razões para pensar assim é que não me faltam. Desde que me entendo por gente, vejo famílias inteiras desmoronarem pelo poder de destruição que essas víboras possuem.

Ninguém confirma o fato, mas comenta-se a boca miúda que vovô Germano teve um envolvimento com uma messalina durante toda a sua vida.

Vovó Anita nunca tocou no assunto, mas nos seus últimos anos de vida, quando a esclerose já havia lhe roubado a lucidez, vez ou outra esbravejava uma mesma frase, recheada de ódio e ressentimento. Colocando ranhuras de ódio na voz, ela dizia: "Lady Cláudia, sua vaca, vai roubar o marido de outra, sua sem-vergonha!".

Achávamos estranha aquela atitude de vovó. Ela, que nunca deixara escapar dos lábios uma palavra grosseira, de repente gritava em alto e bom som uma frase despudorada daquelas! Aquela boca que recebia a Eucaristia diariamente das mãos do finado padre Diornélio, boca afeita a jaculatórias e novenas cheias de devoção, agora gritava palavras toscas, tendo como miolo uma tal Lady Cláudia.

"Quem será essa mulher, meu Deus?", perguntava-me no silêncio de minha curiosidade não cristã. A frase me fazia recordar os comentários que casualmente ouvíamos. Seria Lady Cláudia o nome da messalina? Não ousávamos perguntar à mamãe. Achávamos estranho que vovó repetisse a frase sempre do mesmo jeito. Repetia seguindo a mesma ordem de palavras, como se tivesse ensaiado aquele discurso durante anos e anos.

Vai ver que foi a frase que a vida inteira quis gritar do átrio da matriz, em tarde de Sexta-Feira da Paixão, quando a praça estava entupida de gente desejosa de preces, mas que a reputação nunca lhe permitiu. Vai ver essa é a frase engasgada, feito espinha de peixe na goela, e que agora a esclerose resolveu expulsar.

Vovó era tão recatada, tão dona de si. Era quase uma facada nas costas vê-la carecendo de ajuda para as necessidades no urinol. Pobrezinha! Fraldas geriátricas, cueiros ao redor da cintura, papas substituindo os alimentos sólidos; a boca sem dentes, os dentes no copo sobre o criado-mudo, criando-nos a jocosa impressão de que o copo sorria pra gente e que a qualquer momento nos diria alguma coisa! Ai, meu Deus, que tristeza!

Concluo: envelhecer humilha! Ela, que sempre se portou como dama! Postura ereta, corpo esguio, perfumado de essência doce. Olhos vivos, altivos, cheios de disposição para enxergar o mundo e suas avalanches de dificuldades, agora ali, curvada feito um anzol, cheirando a urina misturada com essência de eucalipto. Coisa mais triste, meu Deus!

Será que a ordinária vai ficar assim também? Espero que sim. Tomara que fique acamada; que perca a graça, os cabelos oxigenados, e que não se equilibre mais no sapato de salto, o único, o liquidado em banca do varejão dos calçados, o de verniz.

Quero vê-la humilhada no fundo de uma cama, vestidinha de pijama de flanela manchado de sopa derramada. Quero vê-la no asilo, recebendo biscoitos de polvilho doados por Joelma. A boca murcha, murchíssima, como se fosse um maracujá ressecado, exposto ao sol em tardes escaldantes de janeiro.

Mas de repente a consciência me recorda. Ela é muito mais nova do que eu.

É bem provável que essa indecente ainda participe do meu sepultamento. E, do jeito que é metida, ainda vai se botar à frente do cortejo, vestindo sua minissaia desbotada para levar uma coroa de flores feita de cipreste e cravos amarelos.

Deus que me defenda desse desaforo. Quero é morrer rouca de tanto gritar umas verdades para essa leviana. Não quero esperar a coragem da esclerose para desembuchar tudo o que tenho para jogar na cara dela. Nojenta. Soubesse ela o pavor que tenho só de ouvir o som de sua voz e nunca mais abriria a boca.

Já contei tudo isso em confissão ao padre Diolindo, mas ele me disse que não há arrependimento na minha fala. Rezo e peço a Deus que alivie meu coração dessa mágoa, mas é uma coisa sem jeito. É só ver a cara da ordinária e o ódio toma conta de mim.

Ela nunca me fez nada. É gratuita a minha raiva. Mas eu a entrego em prestações. O que recebi de graça devolvo em vinte e quatro prestações com acréscimo. Meu ódio está aplicado e rende juros. Cresce de tamanho, multiplica.

Nele todos os ódios estão amarrados. Igual a trouxa de roupa suja. Ódios que desconheço. Ódios que repousam nos corações anônimos e traídos que estão esparramados pelo mundo afora. Sou quase uma Joana d'Arc.

Tivesse eu destreza para montar cavalos sairia fazendo justiça no mundo com as próprias mãos. No fio de minha espada, eu passaria a fidelidade conjugal a limpo. Cortaria os pescoços contornados de colares e perfuraria os peitos cheios de decotes.

O exército das ordinárias possui armas poderosas. Batons, lingeries, saltos, cintas-ligas, perucas, potes e potes de cremes. Enquanto nós, mulheres que comandam a vida na fragilidade do fogão, estamos munidas de terços, novenas, panelas, panos de prato, temperos e iguarias decentes. É por isso que minha espada faria a diferença.

Seria canonizada por essa bravura. Santa Maria Madalena dividiria comigo a glória dos altares. Ela, por ter vencido a fraqueza da carne. Eu, por ter combatido as carnes que nos enfraquecem.

DA VIDA, ALHEIA

O amor me trava debaixo da língua. Manga verde me travando os dentes é o seu gosto. Angu de caroço, calombo no pescoço, quase um desgosto. O amor é tudo o que reconheço como incômodo.

Esse jeito atrevido que o Zé Arlindo tem de me chamar de Amélia quase me mata. Escuto a sua fala mansa perto do alpendre da sala e já preparo a alma para a ladainha do amor concreto. Beijo na boca, arrepio nas axilas, frio nos joelhos.

Não tenho trava na língua. Tenho só a trava do amor, e essa não tem destrava. Ruminei noites e noites a desfeita do Venâncio Germano. Hora pior para aquela prosa não poderia existir. Marisa Isaura à porta da sala; Rosilda Pimentel comendo um pastel de queijo próxima da cristaleira, e eu, quase pronta para morrer com seu pedido de casamento, e de repente, quando não imaginávamos, ele me solta aquele comentário infeliz.

Disse que eu era imatura demais para a vida matrimonial. O amargor do amor veio à boca. Súbito desejo de esfaqueá-lo, cortá-lo em partes como quem corta um frango e despachar os cortes do corpo para lugares diferentes. Uma perna para a Guatemala, um braço para a Bósnia e o fígado para a Nicarágua.

Meu Deus, quanta maldade aquele amor despertou em mim! Razões não me faltaram. Eu esperando um pedido de casamento e de repente ele resolve me acusar de imatura e despreparada! Eu não merecia aquela desfeita. Não bastava dizer o absurdo de eu ser imatura? Tinha que acrescentar o complemento "demais"?

Eu quis voltar a cultivar gerânios. Achei melhor acabar com as margaridas amarelas. São aborrecidas demais. Cuidados e mais cuidados, e nada das ordinárias florescerem. Mandei o Julião arrancar tudo, e aos gritos, para que elas percebessem minha fúria. Gerânios são mais gratuitos. Uma aguada de manhã e a florada já está garantida.

Concluí que os homens são semelhantes às margaridas ou aos gerânios. Venâncio é uma margarida amarela, mas desbotada. Reguei, reguei, cuidei, adubei, e nada daquele ingrato me pedir em casamento. Arranquei com raiz e tudo. Que morra seco e sem água, e que não sirva nem pra enfeitar defunto. Já o Zé Arlindo é gerânio que vim a conhecer no final da feira. É quase um resto, mas não importa. Esse vaso de flor eu não deixo quebrar.

Areei as panelas da Iolanda Diolinda e nunca vi uma criatura tão feliz por tão pouco. Ela vivia dizendo que o seu alumínio nunca brilhou na prateleira. Eu insistia que era falta de areio. Ela ria e colocava a culpa no sabão. Uma tarde inteira foi o suficiente para iluminar de brilho prateado a sua cozinha escura de fumaça. Acho que ganhei um pedaço do céu naquele dia.

Panelas areadas espantam o diabo. Essa teologia é minha. Os cardeais não sabem disso porque não frequentam cozinhas nem tampouco areiam panelas. Eu sempre achei que padre corre o risco de não saber muita coisa sobre Deus. Ou, se sabem, desaprenderam com o tempo. Costumam ficar muito teóricos, e Deus não é teoria. Deus é prático demais.

Os teólogos quiseram trancá-lo nos livros, mas não deram conta. Coitados. Eu tenho é dó. Minha mãe foi a maior teóloga que o mundo já teve. Abriu as portas do missal do padre Isoldo e destrancou as amarras que os rubricistas colocaram em Deus.

Minha mãe rezava na prática. Acudia os pobres, curava as feridas da leprosa Laura e nunca deixou secar os seios com o intuito de alimentar os filhos das escravas da fazenda de meu finado avô. Fazia tudo em segredo. Tinha medo de despertar a ira do marido, que era avesso à caridade.

O alarido dos meninos da vizinhança me acalma. Zulmira Alencar vive dizendo que perdeu o direito do sono da tarde depois que a rua ficou infestada de menino. Eu fico pensando que mais vale a falta de sossego que aquele silêncio mórbido de antes. Zulmira já está pronta pra morrer. Eu não. Eu ainda quero amassar muito biscoito de polvilho para encher as latas dessa pobreza que me rodeia.

Acho um desaforo esse jeito arrogante com que a Zélia fala do meu medo de escuro. Por não sentir na pele o que sinto, vive remedando o meu jeito de desabafar o medo. E só ter oportunidade e lá está ela entortando a boca e afinando a voz para ironicamente repetir com veemência: "Não apaga a luz que eu tô com medo, tô com medo!". Engraçadinha! Quem é que não tem medo nessa vida? Além de ser infantil, sua atitude é ridícula. Não tem o menor talento para o teatro e fica fazendo pose só para me envergonhar diante dos outros.

Às vezes acho que Zélia me detesta do mesmo jeito que Caim detestava o seu irmão Abel. Desde a infância eu percebia resquícios de maldade em seus gestos. Não sei por quê; afinal, sempre a tratei muito bem e não tenho nenhuma recordação de tê-la ofendido.

Eurípedes não desiste de esperar por Hélio Roncastro. Pobrezinha. Parece que o coração ficou estacionado naquela tarde chuvosa de dezembro. O tempo passou, mas ela ainda continua presa na memória dos trilhos.

É quase um retrato na minha memória. O trem partindo enquanto eu segurava a mão trêmula de Eurípedes. O choro quase convulsivo soava no mesmo tom do apito. O movimento do trem e o aumento do rangido das ferragens encorajavam os gritos. Hélio Roncastro acenou com o chapéu e nunca mais voltou. Ninguém sabe ao certo o que aconteceu com o homem. Alberto Gutierrez afirma de pés juntos que viu o corpo ser sepultado no Rio de Janeiro. Não fosse seu interesse por Eurípedes, talvez déssemos crédito a seu relato. Disputou o coração da moça com o amigo desde o início da juventude. Perdeu no primeiro tempo. Eurípedes deve ter descoberto que Alberto não passava de um maço de margaridinhas amarelas.

Com apenas dois meses de namoro, Eurípedes jurou amor eterno a Hélio Roncastro diante do altar de Nossa Senhora das Vitórias, sob a bênção sacramental do padre Rivalino. Eurípedes encontrou o seu gerânio.

Eustáquio Moreira, o maior mentiroso que a face da Terra já viu nascer, afirma que Roncastro constituiu nova família e é fazendeiro abonado no interior do Pará. Não fosse a distância e o custo da viagem, iríamos todos, em comitiva, à busca do desaparecido, só para não encontrá-lo e assim desmoralizar Eustáquio.

Sou má. Reconheço isso nos meus desejos. Não posso negar que sempre tive vontade de ter fusca velho só pra deixar bater em motorista imprudente. Sonhos mesquinhos. Eu os tenho a toda hora.

Sobre o desaparecimento de Roncastro, prefiro ficar calada. Minha sugestão não alteraria em nada a dor de Eurípedes. O que posso, faço. Consolo a pobrezinha no que posso. Uma fornada de broa de canjica, um pacote de farinha de amendoim, uma lata de doce de leite e mais nada. Não digo nem uma palavra que possa se referir ao desaparecimento do ordinário. Fosse eu o papa, e Eurípedes já estaria canonizada, em vida. Eu a declararia padroeira dos ferroviários.

Mas de santo eu não entendo muito. Só um palpite tenho pra dar. A teologia começa debaixo do braço do povo. A antessala da teologia é a vida simples que se dispõe a ser morada de Deus. O resto não faço questão de conhecer. É cansativo demais. Prefiro a prática que o discurso sugere. O rosto suado de Juvêncio é uma pregação convincente. Passa o dia todo dando um adjutório para erguer a casa do pobre do Mané Capenga e mesmo assim não perde o sorriso. Juvêncio nunca será capaz de conhecer e compreender as cinco vias que Tomás de Aquino sugeriu para provar a existência de Deus. Não precisa disso. O sorriso tão cheio de cáries é a via segura de que Deus repousa ali, naquele homem simples de fala matuta e cheia de graça.

Prometi a Dorinha Lasmar que a ajudaria a montar o presépio, mas não vou. Fiquei com uma antipatia danada do jeito como ela me disse que eu estava sumida da igreja. Peguei implicância dela. Ela que cuide do presépio sozinha.

Sumida da igreja! Tenha paciência! Essa história de ser cristã vinte e quatro horas por dia é demais pra mim. Conversão tem hora. Eu espero a minha. Mas preciso confessar que não creio que Deus chegará à minha vida pela porta da frente. Ele virá pela porta da cozinha. Quem gosta de porta principal é o diabo.

DO NOME INFELIZ À INFELICIDADE DO DONO

A menina enfiava o dedo no nariz como se estivesse procurando um objeto perdido. Parecia imersa numa forma de esquecimento do mundo, como se nenhum olhar pudesse observar sua tentativa de arrancar os males da existência alojados em suas narinas.

A crueldade do mundo é uma poeira que respiramos sem descanso. Ontem mesmo a pequena Beatriz foi vítima de sua professora desalmada. Só porque a pobre menina não obteve um bom resultado no torneio de fatos, a tal de dona Fátima obrigou-a, com requinte de crueldade, a permanecer imóvel atrás da porta por torturantes setenta e cinco minutos.

A quantidade de minutos não é por acaso. Foi para acentuar o resultado negativo de Beatriz no torneio. Não sei qual é o tanto que vezes tanto soma setenta e cinco, mas que essa professora queimará no quinto dos infernos disso não tenho dúvida. Nessa matemática eu não erro.

A menina enfiou o dedo no nariz até se consolar com uma pequena quantidade de muco, coisa pouca para quem revirou tanto aquele pequeno espaço. Enrolou carinhosamente aquela bolinha e, depois de contemplá-la, grudou-a cuidadosamente debaixo da cadeira em que esperava sentada pela chamada da secretária, anunciando que o doutor Romualdo estava pronto para lhe examinar o pequeno corpo.

Eu a observava sem ser notada. Contemplava aquela pequena criatura e seu entretenimento tão reprovável. Fiquei pensando em como era triste ser criança. Acho sofrido ser pequeno. Ter que frequentar a escola; suportar tardes inteiras acorrentada na dureza de uma cadeira que nos antecipa os desconfortos do inferno; ouvir a voz de professoras cujo nome geralmente termina com ete: Bernadete, Elizete, Gorete, Deusdete. Ai, meu Pai. Deus que me livre de voltar a frequentar escola!

Pudesse eu fazer uma reforminha no mundo e criaria todo mundo com o diploma na mão. É triste demais ver aquelas criaturinhas mirradas e suas mochilas tão cheias de obrigações desagradáveis.

Crescer é tão doído. Tenho lembranças que levarei para o túmulo. Perto da minha casa morava uma família muito humilde que tinha um menino chamado Ricardinho. Ninguém entendia, mas Ricardinho não crescia nem meio centímetro por ano. Tinha uma cara de homem velho, mas o corpo era de menino de seis anos. Ricardinho era tão feio que, a qualquer hora do dia ou da noite que a gente olhasse para aquela criatura, tinha a impressão de que ele ardia em febre.

Ricardinho era uma contradição. Tinha uma cara enrugada, uma cabeça grande e um corpo miudinho, miudinho. Manoel Vieira, só para fazer graça e ver sorrir Heliodora, chamava o pobrezinho de "Cabeça de Mula". Eu sentia vontade de destampar a rir sempre que ouvia o apelido, mas tinha um medo danado de Ricardinho. Temia que ele viesse assombrar minha casa quando chegasse a noite.

Camilinha do Joaquim Rodarte tinha pavor só de ouvir falar o nome da criatura. Certa vez recusou-se a entrar na igreja em noite em que coroaria Nossa Senhora das Graças só porque soube que Ricardinho estava sentado na segunda fileira de bancos com a mãe, Rosalva do Modesto. Ricardinho era filho de Modesto, mas ninguém sabia quem era o tal do Modesto, porque, desde que mudou para nossa rua, Rosalva já veio sem o Modesto. Mas seu nome não mudou. Rosalva é do Modesto, mesmo a gente não sabendo onde está o Modesto.

Não gosto desse negócio de falar o nome da mulher sempre acoplado ao do marido. Parece que a mulher é uma coisa pertencente, propriedade adquirida, passada em escritura. Na minha terra é tudo assim. Florípedes do compadre Hélio. Quem é esse tal compadre Hélio? E, se é compadre, é compadre de quem? Ninguém sabe. Só sabemos quem é Florípedes.

Outro caso. Marilena do Maurício Lilico. Dizem que o tal do Lilico já morreu há mais de trinta anos, mas a Marilena não sabe dizer o nome dela sem falar do complemento já morto. Jeito esquisito de preservar a viuvez? Não sei.

O mais esquisito é o caso de Maria Olívia do Murilinho Verdureiro. Murilinho já morreu, a verdura já murchou, Maria Olívia já se casou com Hélio Afonso Pudim de Cachaça, e mesmo assim ela continua sendo chamada de Maria Olívia do Murilinho Verdureiro. Ainda bem. Já imaginou trocar a verdura pelo pudim de cachaça?

Coisa triste é nome feio. Outro dia eu estava na casa de Romilda Solteira e ela veio me apresentar um primo que viera da roça para um tratamento de saúde com o doutor Clemêncio Eustáquio Nogueira.

Ele apontou a cara à porta e logo se apresentou, estendendo a mão: – Muito prazer, sou o Gurgemiro Severino da Costa. – Fiquei estarrecida como se tivesse recebido a notícia de uma tragédia. "Nome mais triste, meu Deus", pensei sem dizer. "Que mal fez essa criatura para merecer esse nome!", indaguei em silêncio, indignada dentro de mim. Antes fosse José. O conformismo ao ordinário seria melhor, menos doído.

Nome é quase uma doença que pode fazer a pessoa sofrer a vida inteira. O duro é que para ela não há tratamentos, cirurgias, nem medicamentos. O jeito é sofrer. É uma agonia que se repete cada vez que alguém o solicita. Abrir crediário, informar ao telefone, marcar consulta. Tudo dói, mas nada dói tanto quanto o anúncio público em sala de espera de exame laboratorial. A enfermeira mal-humorada, com sua pranchetinha cheia de adesivos de propaganda de remédio, chega e anuncia: – Wandergleiston Washington da Silva. O pobrezinho se levanta apressado para evitar o perigo de uma segunda chamada.

E a Maria dos Prazeres? Nunca soube o que é felicidade na vida. Prazeres só no nome, e ainda pra fazer sofrer. Certa vez, conheci Meridiana. Depois de me contar qual era o seu nome, apressou-se em me dizer: – Pode rir! – Fazia sempre da mesma forma. Dizia o nome e já autorizava o riso. Ficou conhecida como "Meridiana Pode Rir".

Há nomes que são fruto de modismos e feitos para um único tempo da vida. Há alguns que não combinam com a velhice, mas somente com a infância – Já imaginou uma velha chamada Tatiana? Parece-me estranho. Da mesma forma como é estranho um menino recém-nascido receber o nome de Joaquim Olivério.

Penso que todo mundo deveria ter o direito de mudar de nome de acordo com as etapas da existência. A menina Tatiana poderia se tornar Juliana na juventude, Maria Clara na meia-idade e Conceição no final da vida. Conceição é um nome que combina com velhice, pedra no rim, repouso, mas não combina com fraldas, berços e chupetas.

O bom mesmo é possuir um nome que sobreviva a todas as fases da vida. Laura, por exemplo. Laura criança, Laura moça e Laura velhinha. Laura é um nome que parece abarcar a vida inteira. Não é resumo de um tempo. A Laurinha menina, vestidinha de saias rodadas, sapatos de verniz e laço na cabeça, será no futuro a respeitosa dona Laura, professora aposentada que usará óculos e terá a pele vincada pelo tempo.

Já imaginou o dilema que Shirley Patrícia vai ter quando chegar para marcar seu exame de rotina do alto de seus noventa anos de idade? E o Mycon Patrick?

Há nomes que se transformaram em verdadeiras condenações ao longo do tempo. Isso porque caíram no gosto de uma classe que prefiro não comentar para não parecer preconceituosa. Tânia Rogéria, Lucrécia Fernanda, Loreta Márcia, por exemplo.

Um recurso interessante para quem tem nome feio é o apelido, a alcunha. Apelido é o apelido da alcunha. O sinônimo da expressão. É um bom jeito de melhorar um pouquinho a situação do sofredor.

Ambrosina vira Zina. O apelido também é feio, mas ameniza bem. Fica carinhoso, e o carinho resgata a pessoa da feiura do nome. A Jurênia vira Nênia. Também é triste, eu sei, mas fazer o quê? Cada um melhora como pode, meu Deus!

O contrário também é verdadeiro. Há nomes bonitos que estão escondidos em apelidos terríveis. O Lucas quase ninguém conhece pelo nome, mas só pelo apelido: Prego. Coisa mais triste, gente! Conheci também o César que se tornou Budega. Mas o pior de todos é João Paulo, que é conhecido como Caixa-d'Água. Pode uma coisa dessas?

Nome deveria dar cadeia. A quem o escolhe, é claro! O recém-nascido está lá, quietinho, deitadinho no berço, tomando leite e fazendo cocô, enquanto a família toda dá palpite errado no nome do pobrezinho.

O pai, que gosta muito de futebol, quer que ele se chame Maradona. A mãe, que é adepta do cinema internacional, quer que o nome seja Brad Pyterson, e ainda insiste em que tem que ser com y. É engraçado, mas, quanto mais pobre a pessoa, maior é o número de L e Y nos nomes. A avó da criança sugere que o nome seja Geraldo com o intuito de homenagear o santo a quem ela diz ter consagrado o neto.

Uma tia esotérica quer que seja Astrolábio. Defende sua escolha dizendo que é um nome forte e de boas energias. O irmãozinho do recém-nascido, quando consultado, sugere que seja Yakult. Deve ter sido o primeiro nome que veio à sua cabeça.

Diante de tantas possibilidades, a única coisa que podemos prever é que essa criança tem grandes possibilidades de sofrer terrivelmente pelo nome que receberá. Engrossará a fila dos que lamentam o nome que lhes foi dado.

Outra desgraça muito comum no universo dos nomes é a junção que se faz entre o nome dos pais. Exemplo: Cleide casou-se com Edvaldo. Dessa união nasceram para o mundo Cleidivan, Edcleide, Cleidovaldo, Cleidivalda e Cleidivânia. A regra é simples. Funciona igual às operações matemáticas. Soma sílabas, subtrai letras e resulta tragédia.

A pobre da Cleidivalda chora dia e noite por causa do nome que tem. Eu mesma já lhe ofereci consolo, dizendo-lhe que ela precisa se conformar. Afinal, poderia ter sido bem pior se a mãe dela tivesse se casado com um antigo namorado, o Tibúrcio. Já imaginou? Em vez de Cleidivalda, Cleidibúrcia. Seria o fim.

Comadre Ana evitou uma desgraça dessas com o último filho. A junção do nome do pai, Dorinato, com o da mãe, Ana, já estava decidida caso viesse ao mundo uma menina. De Dorinato e Ana resultaria Doriana. Tenho comigo que o apelido seria "Delícia Cremosa". Já imaginou?! Duas desgraças numa pessoa só. A sorte é que nasceu menino. Foi salvo pelo gongo!

AMOR INACABADO

Aquele infeliz sempre me olhou com olhares "confundentes". Jamais pude saber se me queria ou não. Nunca utilizou a clareza como regra, como se a vida tivesse que passar obrigatoriamente pelo filtro da dúvida.

De vez em quando ele chegava. De vez em quando ele partia. Intermitentes processos de deslocamento que deixavam meu coração em sobressaltos de expectativa.

Tanto foi e tanto veio que um dia resolveu ficar. Varou as estradas do meu tempo e ocupou os territórios de minhas preferências. Quis comer no meu prato, dormir na minha cama e, quando a vida já era estreita de esperanças, pediu-me em casamento. E eu, fraca de tanto amar, aceitei.

Ainda me recordo daquele dia. O sol era suave e não havia desesperos de calor. A igreja estava impecável de tantas flores. Os amigos presentes me recordavam que o amor conjugal fica ainda mais vistoso quando temos fraternidade que nos prestigie. Sem muitas delongas, ele colocou a aliança no meu dedo e jurou com frase feita que me levaria com ele até o dia em que a morte nos separasse.

Mas não foi assim. Dois meses depois de selado o juramento, ele retomou o olhar confundente. Descobri naquela hora o tormento do amor inacabado. É sempre assim? É destino de mulher sofrer as consequências das amovibilidades dos homens? Não sei dizer.

Justina continua sofrida. Chora dia e noite as dores do mundo. Não está podendo nem sair de casa. O doutor Marciano não conseguiu diagnosticar o caso. A pobre coitada passou por inúmeros exames e nada acusou anomalia. Mas a tristeza está lá, estampada na cara e no peito. A Ordalina disse que já viu um caso desses no tempo em que morou em Guaxupé. Disse que a mulher não escapou. Chorou, chorou até morrer seca.

Tenho pena de Justina. Faço esforço pra ver se ela se distrai um pouco, mas de nada adianta. Outro dia, eu a levei ao circo comigo, mas antes não tivesse levado. Ficou apreensiva demais. Tinha medo de que o palhaço não nos fizesse rir e, diante da falta de graça, caísse na desgraça. Eu falei: – Deixa de bobagem, Justina. Está todo mundo gostando! – De nada valeu a minha fala.

Ficou tensa na hora do trapézio. Tremia igual a uma vara verde, temerosa de que os trapezistas se desequilibrassem e despencassem, humilhados. Tentei lhe oferecer um confeito, um algodão-doce, mas nem para negar o oferecimento ela usou as palavras. Balançou a cabeça e ficou por isso mesmo.

Eu lhe disse que não pode ser assim! Nem resposta ela me deu, outra vez. O tremor nos lábios era constante. O circo ali, cheio de risos e atrações, e a pobre da mulher se comportava como se estivesse socorrendo feridos de guerra.

Justina é muito diferente de mim. Gosto de observar o jeito como ela cruza as pernas. É como se estivesse defendendo um território santo. Puxa a saia, cobre os joelhos com as mãos, confere, atenta. Deve ter os seus traumas. Eu sou natural. Cruzo as pernas como se estivesse dando uma ordem de comando ao mundo. Meu poder eu reconheço e exerço. Minhas fraquezas também. São muitas, mas delas não me queixo.

Aprendi com minha mãe que a pobreza de um tecido pode ser socorrida com a arte dos bordados. O pano de saco, depois de alvejado, recebia as linhas coloridas que nossas agulhas conduziam. O bordado era um socorro, uma forma de redenção, um jeito de distrair a pobreza.

O mesmo acontece comigo. Quando o desprezo de Lourenço ameaça me transformar em molambo, logo reajo. Quando vejo que minha alma está ameaçada por seu amor confundente, arregaço as mangas e dou um jeito de recorrer aos movimentos criativos das agulhas e linhas.

São linhas que não vejo; são agulhas que não enxergo, mas o bordado é real. Há sempre uma virtude que precisa ser bordada na vida da gente. Não me descuido dessa arte. É dom de mulher que aprecio e ensino.

A comadre Laura sempre foi especialista nesse ofício. Nunca abriu mão de bordar nos filhos o caráter que recebeu do finado pai. Eu achava bonito o seu trabalho artesanal de amar as crias que pôs no mundo.

O amor é um artesanato aprimorado. É com ele que o bordado ganha forma, ganha cores. Pudesse eu contar aos meus herdeiros o tanto que amei, a vida inteira que ainda me resta seria feita de discursos.

Não sei se o amor tem fim. Às vezes eu me convenço de que o que termina é o efeito, mas a causa está sempre lá, pronta pra recomeçar. Não sei se tenho alguma causa nas predileções de Lourenço. Talvez ele nem saiba que o amor é feito de causas. Nunca ouvi de sua boca uma palavra que pudesse sinalizar o seu amor por mim. O que dele tive é muito pouco para me fazer concluir qualquer coisa.

Lourenço continua partindo e chegando. Nunca sei ao certo se haverá um estado definitivo final. O pouco que faço, e disso não me descuido, é estar sempre pronta para abrir-lhe a porta para que chegue, ainda que por breves momentos. Mas, antes da porta, a alma. Preparo meu coração para receber o par de olhos que nunca me ofereceu certezas.

Lourenço é meu jardim. Descobri isso quando me recordei do empenho que minha mãe tinha com suas sementeiras. Todas as sementes eram jogadas num mesmo vão de terra. Algumas floresciam. Outras não.

Ao semeador não cabe perguntas. Semear é seu ofício. A terra resguarda o segredo que ele tanto deseja saber. O jeito é esperar para ver o resultado. O tempo da espera é o tempo da fé. Tempo em que os olhos, de vez em quando, se lançam na direção do silêncio da terra para investigar se há vestígio de broto.

Vivo para essa investigação. Trago no meu coração a mesma mística que os semeadores. O jeito é não deixar de lançar esperança sobre o chão da vida. Um dia o amor vai brotar com as ramas que tanto desejo. Enquanto isso, espero e, enquanto espero, concluo: sou inacabada. É o amor que me faz assim. Sofro por ser incompleta, mas não posso fugir do encanto que essa condição me empresta.

Minhas ausências não me deixam partir. Funcionam como âncoras que me prendem ao porto. Não tenho coragem de encher os pulmões de ar para formular o meu grito de independência. Diga ao Lourenço que fico. Diga a ele que sempre ficarei. Eu não saberia buscar outro lugar sem que seus olhos proprietários me acompanhassem. Ele é meu complemento. Disso não tenho dúvida. Parece cruel, mas não é. É nele que avisto a parte que falta. Sou de pedra. Serei sempre de pedra. Demoro para crescer, eu sei, mas ninguém poderá negar que toda pedra inspira segurança. A Sagrada Escritura nos sugere que a casa precisa ser construída sobre a pedra. Não há chuva ou tempestade que possa separá-la de seus alicerces. Simão foi transformado em pedra. O homem que foi retirado das águas se tornou o porto inicial. Sobre águas ninguém está seguro. Sobre a pedra, sim. Pois bem. Esta é a minha regra.

Olho para as minhas mãos. O dourado do ouro ainda dura no tempo. É por isso que esta aliança que trago no dedo é sacramento que me recorda a necessidade de que o amor dure tanto quanto o metal precioso.

Meu amor continua durando, mas o amor de Lourenço, não. E foi por isso que fiquei de pedra. Atacam-me os ofensivos, mas não dou corda pra essa pipa. Quero as ofensas noutros céus. É por ser de pedra que vou durar, e muito.

É sina da pedra ser duradoura. Carrego nos ombros este destino. Aliança no dedo e pedra no coração. Vou arrastando este destino de não me perder da promessa. Enquanto isso, eu mimo a vida no que posso. Meu projeto é maior. Cansei de ver a desordem que o tempo me causa. O acúmulo dos dias é um desconforto que prefiro esquecer. Estou fazendo um investimento nobre. Estou me preparando para ficar eterna.

A SACERDOTISA

Este lençol que alvejo é sacramento do amor que sinto por Norberto. Esta lida constante de quarar o que está amarelado é imperativo de minha condição de mulher. Voz que ouço em tonalidades diminutas, tristonhas, ordenando-me: "Clareia o mundo; retira a poeira das almas e endireita os caminhos humanos!".

É nesta hora que encho as bacias de água limpa e dou banho cuidadoso nos meninos. Um a um, polindo a carne que saiu de mim, ensaboando o mundo em porções de musculaturas miúdas, infantes, filhos de minha barriga.

Faço o que posso. Norberto é minha transcendência horizontal. É nele que descubro o motivo do meu aperfeiçoamento. Lavo, passo, cozinho e tolero. Esse movimento doméstico particular que me envolve atravessa os caminhos do mundo, esbarra na indignação dos que me reprovam e aguça o desespero contido dos que me invejam.

Estou salva, concluo. Costura redentora que me ata nas bainhas de suas calças de homem e que me assegura não estar só. Sua presença em minha carne atinge também as necessidades de minha alma. Rezo diurnamente a oração de amor que a ele me congrega.

Tenho medo de perdê-lo. É sempre assim. Amar é desatino que não passa. Desde os primórdios do mundo o amor se equilibra sobre o fio tênue da insegurança. Desde a expulsão do paraíso, quando a mulher assumiu a culpa do erro original, mostrando cedo sua sina abnegada de reorientar o homem torto de sua origem.

Não sou eu quem vai mudar essa história. Sou descendência, não sou origem, nem tampouco tenho disposição para buscar uma palavra que explique a imanência tortuosa de meus defeitos.

Norberto é meu, e disso não abro mão. Esse Adão empoeirado eu faço questão de manter na minha estante. Quando a poeira é demais, lustro-o para que volte a ter brilho. Não é assim que Deus faz comigo? Sou sobrevivente da misericórdia. Deus morre de amor por mim! Ama até mesmo quando eu me perco no galpão de meus pecados não originais.

Estou eleita para todo o sempre. Esta certeza de estar redimida é que mantém a minha paciência com o meu homem de barro. O amor humano é resposta natural ao amor sobrenatural. O sangue do crucificado me atingiu, afetou minhas convicções e entrou nas minhas veias.

Nasci sob o sombreado da cruz. O motivo do calvário de Cristo foi o primeiro aprendizado que minha mãe fez questão de me ensinar. Fiquei maravilhada. Recolhi na carne a mística que havia em suas palavras tão cheias de solenidade. Ela me fez compreender que a causa da morte estava diretamente ligada aos meus erros, mas que Nele, e por Ele, eu estava remida de minhas culpas. Transfusão de sangue. Retirou-se o sangue de Eva e foi colocado o sangue de Cristo.

A trágica morte de Cristo está amparada nos motivos de Seu amor por mim. É por isso que não tenho o direito de recusar minha misericórdia ao Norberto. O que Cristo fez por mim por ele agora o faço. O apóstolo Paulo já anunciava que isso pareceria loucura aos olhos dos sábios. A cruz não é lugar de fraqueza, mas de coragem. Aquele que nela está pendurado não se entregou porque não tinha outra opção. Foi ato livre. O amor o conduziu ao Gólgota. Ele fez opção pelos miseráveis do mundo. Fez estada na casa de pecadores. Amou as espúrais da humanidade e nos contou que Deus prepara um banquete farto para todo aquele que tem fome.

Ele retirou o véu do templo. Rasgou as cortinas preconceituosas de seu tempo e pediu que os envergonhados de seus crimes tomassem os primeiros lugares na festa da reconciliação. A cruz é a consequência dessa loucura.

A loucura da cruz me faz ser louca também. É verdade. Sou louca de amor. Este amor me coloca em caminho único, o perdão. Não tenho como expulsar Norberto do banquete. Não tenho argumentos para privá-lo de meu colo acolhedor, mesmo que ele esteja torto de tanto pecado. Negarei a ele o que Cristo nunca me nega? Não posso! Seria o mesmo que negar a redenção que Dele recebi.

De vez em quando o calvário se repete na minha casa. Assumo o lugar do crucificado. Norberto se põe aos meus pés e chora, humilhado. É nessa hora que minha condição grita alto. Eu sou o Cristo. A Eucaristia me configura assim. Mulher que se doa mesmo quando o que me recebe não cumpre a parte do trato. Deus não é menos Deus na boca do que merece menos. Deus não é menos Deus na parte que veio repousar na mão do indigno. A Eucaristia é o mistério da continuidade de Cristo no tempo. Norberto sabe disso, pois não o deixo esquecer.

De vez em quando ele chega ressabiado, rabinho entre as pernas e olhinhos baixos, próprios de quem se arrependeu do que fez. Chega do mesmo jeito que chego ao confessionário do padre Adamastor para lhe pedir indulto em nome de Cristo. Depois que conto tudo o que me escraviza, o padre levanta suas mãos e faz sobre mim o santo sinal da cruz. O gesto me recorda as mãos de Moisés a conduzirem os israelitas à abertura do mar Vermelho.

O sacramento me reconcilia, retira o peso da culpa e me faz voltar ao viço da virtude. O sacramento me recorda quem eu sou. Sou filha do Divino Pai Eterno, o proprietário do mundo, cujo diabo é seu cão amarrado. Depois do perdão recebido, saio de lá renovada, desejosa de recomeçar uma vida nova, reassumir a graça da minha pertença a Cristo. Não devo fazer o mesmo com o pobre do Norberto?

Norberto acredita no amor porque eu o amo. Sou o seu Cristo vivo, morto e ressuscitado. É com ele que repito os mesmos gestos que o Redentor realizou na vida dos que encontrou pelo mundo.

Quando o recebo cansado, estendo a toalha, despejo água sobre seus pés andarilhos, errantes, e os perfumo com essências raras. Deito a mão sobre sua cabeça e recordo-lhe de que ele vale muito mais que todos os erros que já tenha cometido na vida. Depois de perdoá-lo, preparo o banquete e me dou em refeição. Ele se emociona, chora e adormece redimido de todas as culpas.

O amor que sinto por ele não é cópia imperfeita do amor que Deus tem por mim? Será que tenho o direito de lhe negar minha mão estendida, pronta para abrir o mar que o ameaça?

Norberto é o meu genuflexório. É nele que minha alma está ajoelhada. Ele é o meu monte Tabor, lugar onde recebo os sagrados mandamentos. Ele é minha Meca, minha Jerusalém iluminada, minha escritura santa, minha terra prometida.

Não há religião sem sofrimento. Da mesma forma como não há redenção sem calvário. A lógica do que consideramos justo não se aplica ao amor desconcertante de Deus. Repito. Ele preferiu os piores; viu neles o lugar preferido para estabelecer sua tenda. A imanência histórica de Deus é esse bando de miseráveis que frequentam os subterrâneos do mundo.

Eu também não compreendo isso, mas é por isso que tenho fé. Se compreendesse, não precisaria ter fé. Não tenho tempo para teologias. Só tenho tempo para o amor. Enquanto os padres ensinam catequese na igreja, estou aqui, à beira deste tanque, lavando essa mala de roupa suja.

Minha catequese é concreta. Não lavo palavras. Alvejo as sujeiras do mundo a partir do meu tanque. É aqui que dou um jeito nas imperfeições que o diabo inventa. Comigo ele não pode.

Já disse e volto a dizer: aqui em casa ninguém precisa de padre exorcista. O amor é nossa arma, nossa oração. O diabo não suporta ficar no meio de pessoas que se amam.

A LEI DO AMOR

A LEI DO AMOR

Eusébio não quis admitir, mas sua dieta não o emagreceu nem um grama de quilo. Eu já desisti. Como bolo de fubá com leite frio antes de dormir sem que nenhuma culpa venha me perturbar o sono.

A propósito, ando pensando que metas foram feitas para não serem alcançadas. Por isso são metas. Só Rosinha Aroeira não pensa assim. Vive se gabando da disciplina que tem com sua dieta rigorosa. Enche a boca pra dizer que retirou o glúten da alimentação. Fala como se todo mundo tivesse obrigação de saber o que é o tal do glúten. Peguei uma implicância danada dela por causa disso. Todo mundo está comentando esse enjoamento dela, mas ninguém tem coragem de dizer. Eu escuto o discurso e faço cara de paisagem. Ando sem paciência com gente disciplinada.

Não posso negar. Estou vivendo na pândega alimentar. Não estou nem aí para os conselhos do doutor Giliard. Outro dia ele quis gritar comigo, dizendo que, se eu não controlar minha alimentação, terei um infarto fulminante. Em breve, salientou. Disse que minhas artérias estão todas entupidas. Olhei pra ele e cinicamente cantei: – Aquela nuvem que passa lá em cima sou eu. Aquele barco que vai mar afora sou eu. – Ele quase me matou com o olhar marejado de ódio.

Ando cansada da vida. Metade de mim tem sido desejo, e a outra metade é dor de cabeça. Andei anos e anos à procura de um alento para o meu desconsolo com José Eduardo, mas a vida me ensinou que o amor só é possível no dissabor. Mulher gosta de homem ordinário.

Maria Alice passou a vida inteira sofrendo com um casamento que só lhe trouxe aborrecimento. Vinte e dois anos de humilhação e pequenas sessões de espancamento. Numa tarde quente de verão, tempo em que a coragem parece vencer o medo, encheu o pulmão de ar e mandou o homem embora de casa. Porque não valia nada, ele foi.

Apareceu Vicente Modesto, homem que o nome já revela o que é. Dedicado, amante devotado, capaz de sacrifícios próprios de amor de conto de fadas. Gastava horas e horas de dedicação incomum aos calos dos pés de sua amada. Maria Alice tomou antipatia dele. Disse que ele era bom demais.

Não entendi, nem ela. Perguntei o que havia de errado com o pobre do modesto, o Vicente, e ela engoliu em seco a vergonha de confessar que gostava era de maus-tratos.

Neurose? Pode ser que seja. Há tantos despropósitos nessas histórias de amor que chego à conclusão de que a paixão é uma enfermidade. Febre, dor no corpo, enjoo em fins de tardes, cólicas matinais, não sei. Cada um sente ao seu modo.

Já passei noites e noites em claro com uma queimação nas costas que não havia analgésico capaz de resolver. O jeito era sofrer. Virava noites e noites na cama e nada de pregar os olhos. Um belo dia finalmente descobri a causa. Estava apaixonada pelo Eustáquio verdureiro. Pude perceber o despropósito numa de minhas idas à sua barraca. Enquanto ele atendia a Solange Fonseca, senti que meu coração ardia de ciúmes. Precisei de quase um ano para perder aquela vontade desenfreada de ir procurar pelos seus repolhos e brócolis.

É esquisito, mas o amor tem o poder de anestesiar as ambiguidades. Olhamos e não vemos a contradição. Talvez seja por isso que na calda do amor está o amargo do ódio. Senti de perto esse gosto. Amei e odiei ao mesmo tempo. Amei pensando que odiava e odiei pensando que amava. Acordei no susto da curva.

Essa insanidade está por todo lado. Alguns se adaptam com mais facilidade. Descobrem a graça que há em comer uma macarronada no domingo, quando toda a família se reúne.

Na sala, a televisão ligada no programa de calouros. O apresentador animadíssimo repete sem apresentar sintomas de cansaço a ladainha dos anúncios comerciais. No sofá principal, repousando o sono da tarde, está a sogra a provocar ruidosos barulhos de gases e roncos. O cachorro satisfeito lambe os ossos do frango sacrificado, enquanto as crianças se digladiam no quintal por causa de uma bola de capotão amarelado.

Juro que não quero esse inferno pra mim. Prefiro o meu lençol limpo, alvo, travesseiros altos, macios e cheios de solidão. Crianças, só no porta-retratos. São tão lindas quando cheias de silêncio! A voz presa no vidro, o olhar enclausurado na lente daquele instante, tudo tão próximo do Jardim do Éden, de Eva imaculada, da pureza original, do tempo em que a vida ainda não conhecia o conceito moral de culpa. Sogra no sofá? Só se for de pelúcia.

Diolinda não sabe o que fazer com o remorso que sente. Não teve coragem de chegar perto da mãe morta. Durante as catorze horas em que durou o velório, ficou sentada num tamborete na cozinha da casa.

Eu já disse pra ela que não se apoquente com isso, mas de nada adianta. A culpa a come aos poucos nos temperos das lembranças. Dona Rufina não ajudou em nada. Usou aquela boca murcha para piorar ainda mais o sofrimento de Diolinda. Segundo ela, o morto não descansa se não receber, antes de ser enterrado, um beijo de cada parente próximo. Disse que a alma fica vagando. Diolinda ouviu a história e teve uma crise de nervos.

Fico encabulada com o poder que os arrependimentos têm na vida humana. Padecimento insuportável vive a Rosalva do Murilo Mendes. Dizem as más línguas que foi muito ordinária com o pai. O pobre do homem morreu sem sua visita. Terminados os procedimentos de sepultamento, Rosalva caiu em si. E caiu mesmo. Caiu tanto que não conseguiu mais se levantar. A crise de consciência não lhe permitiu nem mais um rabisco de sorriso na vida. A amargura no rosto já a acompanha há mais de seis anos. Eu rezo por ela.

Confesso que também tenho minhas pequenas doses de culpa. Vez ou outra eu me pego com uma pontada culposa no rim. Uma caridade que não faço, um aniversário que faço questão de esquecer ou então uma folha de couve que nego. Mas minha culpa é passageira. Um sono depois do almoço e tudo volta ao normal.

    Henriqueta Barbosa Vieira é um angu de caroço. E dos grandes. Aprendi a expressão com minha mãe. Ela era especialista em desfazer caroço. Sempre dizia que a vida encaroçada não compensa. E tinha razão. É por isso que não perco os conselhos que Eriovaldo Santamaria dá todos os dias no rádio, logo pela manhã. Nunca botei os olhos na cara do sujeito, mas não dou um passo sem antes escutar o que ele diz. Ele é um locutor formidável. Gosto da maneira como fala das pessoas que lhe enviam cartas. Sua fala tão cheia de ânimo parece retirar as pessoas do anonimato da vida. O nome comum, mas dito com ênfase, tem o poder de elevar a condição do mencionado. Eriovaldo é especialista em tornar especial quem nunca foi.

    Fico impressionada com a capacidade que Verônica do Inácio tem de se alegrar. Da minha janela eu a vejo todos os dias com sua lida tão ordinária. Enquanto prepara o almoço, dá sempre um jeito de ordenar a saída dos meninos para a escola. Vida redimida e administrada, enquanto o arroz é refogado na panela de ferro. O fogão de lenha na cozinha arejada, paredes escuras de fumaça que não perdoa a condição alva da parede recém-pintada, o silêncio da alma, o contentamento de mulher que não deseja outra coisa senão ver a prole de barriga cheia, o marido pronto pra voltar à lida, tão cheio de disposição esponsal.

    Não sei o que é que se passa na cabeça de Maria Alice. Bem que poderia ter domado a antipatia do marido. Antipatia todo mundo tem. Amor perfeito? Só nos jardins. Rosinha miúda que acho até sem graça. Prefiro a contradição das rosas. O espinho afrontoso no caule tão cheio de poesia, a ostentação da textura aveludada, libidinosa, mas tão pura ao mesmo tempo.

    Perfeição é coisa de grego. Sou mineira demais para querer as características dessa arquitetura. Os traços que desenham minha alma são cheios de curvas imperfeitas. O perfeito é amórfico, só existe na projeção utópica. Eu sou real. O nariz sangrando é meu bilhete de amor. Que leia quem puder. Que leia quem souber. Outra coisa não considero mais urgente. Ou estanca o sangue ou morre de pavor. Amor é a mesma coisa. Só é possível na condição de suporte. Duas partes que se atraem, mas que também se rejeitam. Lei esquisita que não sei quem foi que escreveu. Só sei que vivo sob suas rédeas. Para sobreviver, faço o que posso. Obedeço. Quando o amor me chama, eu vou.

ALMA EM DESORDEM

Poderia ter sido diferente, mas não foi. Augurei o manto alvo da santidade até o momento em que minhas preces cansadas desistiram das escadarias imensas de minha vida sem gozo.

Pedi a Deus que desocupasse a minha alma, tal qual o proprietário solicita o despejo do inquilino inadimplente. Ele que vá se abrigar nos Carmelos do mundo, nos eremitérios mais longínquos, já que nunca quis fazer graça na minha vida.

Quis o idílio mais que perfeito a conjugação de um tempo memorável, que não merecesse o fatídico destino dos esquecimentos, mas o que recebi foi essa promissória de vida vencida, corrigida com juros e correção monetária.

Ser infeliz é condenação que recebo na carne. Dói em toda a extensão do que sou. Não, não me refiro à metafísica do ser, ao que de mim se desdobra em imaterialidades e conceitos. Falo dessa matéria temporária que se encontra e se descobre dia a dia em processo de demolição silenciosa.

Olho para o passado e vejo meus fragmentos nos destinos de minhas passagens. Registram-se em paredes vazias, camas desfeitas, pratas que sofreram reformas, casarões que ganharam outras serventias. A vida se desloca com voragem.

O olhar distante não se perde nos imensos retalhos desse mundo que me escapa. Vê perto, pela força de alguma coisa que na alma tem responsabilidade de não me deixar morrer. Algo que traz em galopes, passos apressados, o que no canto da memória resolveu se abrigar. Traz e põe à mesa, faz banquete que apressa ainda mais a minha fome de ser feliz.

Mas essa fartura não me serve mais. Está tudo sepultado, ancorado nos porões das fotografias. O papel não segura o tempo. Os rostos que sorriem para o momento já se foram. Estão transmudados, tornaram-se outros, assim como eu.

Sofro de inconformismos. Não aprendi a crença que nos coloca prostrados diante dos inevitáveis processos de perdas que à vida pertencem. Não deixo partir, não sei sepultar, não sei esquecer. Não sou afeita aos discursos que gostam de amainar o broto que a cólera desperta.

Grito a Deus desaforos sem que a culpa me acorrente a alma. Sobrevive em mim um janízaro que não se curva aos seus ditames e imperativos. Prossegue ferido, machucado, mas sempre disposto a uma nova batalha. Em suas mãos repousa, constante, um par de armas empunhadas.

Estão prontas para o embate desumano. O Todo-Poderoso e eu. Dele não me esquivo. Ele tem as suas armas. Eu tenho as minhas. Perco toda vez que luto, mas não importa. Não me disponho a ser o Isaac na mira de sua lâmina. Do que eu gostaria mesmo é que ele me segurasse pela mão. O gozo que minha alma tanto desejou é que ele me conduzisse pelos caminhos que me entregariam às delícias de uma terra prometida. Terra onde eu pudesse reencontrar o sorriso de Homero, o amor que partiu e me levou de mim.

Homero chegou em minha vida numa tarde triste de inverno. O frio da paisagem sugeria aconchego de braços, presença de homem que me fizesse esquecer os tempos idos de solidão e mágoa.

Chegou à cidade para gerenciar a construção da praça da matriz. Instalou-se na pensão de minha mãe e, no mesmo ritmo com que fazia seguir a praça do meio das pedras e monturos, fez surgir em mim a certeza de que o amor é capaz de nos fazer nascer de novo.

A ele me dei como a obra se dá ao seu autor. Aos poucos, em partes, em fragmentos de inspiração. Dei-me na obediência de minhas regras, na disciplina espartana que me fez observar com calma o terreno que meus pés descobriam.

Meu descontentamento com a vida nascera comigo. Ouvir o bater da felicidade à porta, vinte e dois anos depois de conviver dia a dia com o destino infeliz de ser quem eu era? Demorei para acreditar. Olhava pela fresta da porta e o que via era o sorriso de um homem aparentemente incomum. Aos poucos fui abrindo espaço para a sua chegada. De vez em quando eu me permitia ouvir suas histórias tão cheias de futuro. Desejo de descobrir uma mulher que pudesse ser a mãe de seus filhos. Alguém que ainda acreditasse na força de um amor que pudesse ser eterno, definitivo.

Homero tinha fala fácil, fluente, certeira. Recordava-me os discursos religiosos que o pastor Rubens ministrava nos cultos dominicais. Só que havia uma diferença. Ele me convertia aos poucos. Não o escutava como oratória a ser admirada, fluência de uma teologia bem estudada e transmudada em argumento humano.

Diferente do pastor, que me enchia a cabeça de discurso requintado, Homero atingia a profundidade de minha alma com palavras simples e honestas. E foi diante desse anúncio quenigmático, tão cheio de gentilezas, que minha alma se prostrou compungida e disposta à conversão.

E assim se deu. A confluência de minhas virtudes e defeitos, a composição inexata de meus atrativos e vergonhas, tudo, o todo de minha condição humana, passado, presente e futuro, a ele ofertei como se cumprisse um ritual religioso.

Eu, a vítima feliz, amorosa. Ele, o homem santo, o enviado do céu a me receber em sacrifício, elevando-me como matéria a ser santificada.

Dei-me em processos intermináveis de oblações e sacrifícios. Dei-me em dor, dei-me em febre, dei-me em ansiedades pausadas por frações de alegrias miúdas e inesperadas. Dei-me tanto que já não poderia mais prosseguir sem ele. Eu já estava toda nele, restando-me a sensação de que sem ele já não me restaria absolutamente nada para ser. A ele eu estava totalmente configurada.

O tempo de minhas esperas estava diretamente ligado ao término da praça. Foi uma mística proposta por ele. Achei fabuloso o sentido de tudo aquilo. Ele me disse que a construção de pedra era sacramento de nossa construção espiritual. Nosso amor cresceu no mesmo ritmo das pedras. Por isso, o casamento foi marcado para o mesmo dia da inauguração. Às nove horas da manhã, a inauguração de pedra, e às seis da tarde, a inauguração de nossas almas, momento em que assumiríamos publicamente a fusão de nossos mundos.

Tudo estava pronto para o dia tão esperado. A preparação material não era nada perto de todos os castelos que na minha alma eu já havia erigido. A praça da matriz era infinitamente inferior à praça que aquele engenheiro havia construído dentro de mim.

O dia amanheceu pontilhado de sol. Da janela de nosso sobrado bem localizado pude ver ao longe a inauguração. Diz a tradição que, no dia do casamento, não é bom que a noiva se encontre com o futuro esposo antes da cerimônia.

Homero estava bonito como sempre. Terno bem cortado, sorriso no rosto. Juntamente com o prefeito Justino Moura, cortou as fitas da inauguração. A praça estava pronta, entregue. E eu também.

A festa seguiu animada. A banda municipal fez algum barulho até que a pequena multidão foi se desfazendo e retornando para seus mundos. Da janela pude ver Homero se distanciando da praça. Ficou um tempo observando o feito de suas mãos e depois, aos poucos, foi tomando um rumo que não era o da pensão. Pude observar que de vez em quando ele parava e voltava o olhar para a praça, como se dela se despedisse definitivamente.

Essa é a última lembrança que tenho dele. Nunca mais o vi na vida. Sem ser encontrado para dizer motivos e razões, não compareceu à segunda inauguração. Não veio cortar as fitas que me separavam de minha terra prometida. Fez-me morrer, assim como foi o destino de Moisés antes de colocar os pés na terra em que sua promessa me fez acreditar.

Desde então paira sobre mim uma nuvem espessa que nunca mais permitiu a passagem do sol. Estado de noite que na alma não termina. Conversão que me levou ao absurdo do abismo e me entregou nos braços da descrença e da desolação. Comigo foi diferente. O meu Abraão não mudou de ideia. Desceu a lâmina sobre minhas esperanças e não teve misericórdia de mim. Deus não gritou antes, ou foi ele que não quis obedecer à ordem superior, não sei.

O que sei é que há em mim uma praça abandonada, preparada para uma festa que nunca aconteceu. A fita estendida ainda pende desejosa de corte. Vez em quando o vento agita o ambiente. Corta o horizonte escurecido pela tristeza e ilumina o espaço com fragmentos de alegrias que aos belos tempos da construção pertencem.

E então eu sorrio brevemente.

CHEIA DE GRAÇA

Ediolinda é um ser humano memorável. Maravilha-se sem restrições. Alcança profundidade e motivos para o riso que nunca imaginei existirem. Dizem que nasceu predestinada a sofrer de alegrias.

Chegou ao mundo nas primeiras horas da manhã do sábado santo, momento em que os alecrins são retirados do esquife de Cristo e a esperança da ressurreição procura espaço para se abrigar nas frestas das almas distraídas. Pois encontrou na alma de Ediolinda. Encontro definitivo, registro de caráter revestimento existencial.

O fato é que Ediolinda já nasceu diferente. Há quem testemunhe que, mesmo sofrendo os malefícios normais da primeira fase da vida, a criança nunca chorou. Nem mesmo o tapa inaugural que todo recém-nascido recebe, ao ver pela primeira vez as cores do mundo, despertou o choro da infante tão frágil. A parteira que acompanhou seu nascimento contava, cheia de admiração, que a reação da menina foi distinta. Ao invés de choro, um riso.

A vizinhança que a viu crescer afirma que desde miúda Ediolinda já trazia nos lábios os traços bordados de seu sorriso perene. Nascida numa familiar fadada a um contexto de extrema pobreza, viveu as restrições sem sofrimentos e lamúrias. Dispunha de si de maneira admirável. Possuía-se com facilidade. Isso fazia com que Ediolinda não perdesse o foco de ser feliz. Administrava a vida com mestria. Tinha sempre diante dos olhos um motivo superior. Não se perdia nas razões mesquinhas que nos seduzem com facilidade.

Mesmo entre os não religiosos, e até entre os incrédulos confessos, há quem diga que ela nasceu preservada do pecado original. Verdade ou não, o fato é que Ediolinda parece revestida de uma aura sobrenatural. Não, não me refiro às imagens que encontramos nos altares da fé católica, lugar onde a santidade está diretamente associada a rostos tristes e expressões sisudas. Falo do sobrenatural que ao sorriso pertence, da leveza que nos faz esquecer que vida é fardo e nos empresta a possibilidade de um breve esquecimento dos açoites que nos amedrontam.

Ediolinda só tem tempo para ser feliz, não se desperdiça em outros caminhos. Parece viver absorta em constante satisfação. A cara larga e morena é o território onde intuímos tudo isso. Os olhos redondos, bonitos, cheios de viço, anunciam que naquele corpo a vida é bem-vinda. A boca que vive cheia de cantos nunca se entregou ao poder de falas pessimistas. A qualquer hora do dia ou da noite, uma boa notícia pode ser cantada, porque no coração de Ediolinda há sempre uma esperança sendo gestada.

Ela é uma mulher prática, não há registro de angústias em sua longa trajetória humana. Casou-se jovem, miúda, sem nenhum florescer biológico de maturidade. Tão primária era em seus destinos de mulher que nem mesmo a menarca inaugural havia lhe escorrido das entranhas. Adentrou a igreja imersa num sorriso puro, que, se pudesse ser identificado em cor, seria de jambo. Um sorriso capaz de fazer sorrir também até aqueles que sofriam de tristeza crônica.

Virgem no corpo e nas intenções, Ediolinda correu o pequeno corredor central da matriz como se destinasse o corpo ao encontro de um brinquedo reencontrado depois de um longo tempo perdido. Sorria maravilhada com os movimentos do vestido. Breve balanço de sedas repousadas sobre anáguas amplas em sobreposição.

O sorriso daquele dia não sofreu alterações. É com ele que Ediolinda recebe Olimpo, embriagado, em seus retornos nas tardes de sábado. Ela o recebe sem demoras, sem esbarros de conflito. Toma-o nos braços, enrosca-o em suas pernas, puxa pela camisa, pela franja escondida que o amor faz questão de preservar.

Muitas vizinhas lhe diziam conselhos. Achavam absurda aquela tolerância. Gritavam exaltadas, cobertas de razões. Olimpo era um homem abominável. Na aparência e no caráter. Qualquer pessoa de bom senso seria capaz de reconhecer a discrepância que existia entre os dois. Aquele homem não merecia aquela mulher. Era nobre demais para ele.

Todos assim pensavam. Menos ela, que ouvia atentamente tudo o que lhe diziam, mas depois agradecia com o mesmo sorriso enigmático e desconcertante que ainda tem tatuado nos lábios.

O motivo é simples. Ediolinda não se ocupa de filosofias. Nas proporções miúdas de seu mundo não há espaço para os sofrimentos do pensar. O que há é o constante movimento da água a distrair-lhe os dedos, quando no ofício de quarar o encardido das roupas ela encontra as razões para a sua alegria. O que há é a trama do cotidiano e suas perguntas tão urgentes. Ediolinda resolveu responder sempre do mesmo modo: alegrando-se. Não se ocupa de outras possibilidades. Em sua vida há uma única via. E por isso não há conflitos. Já está decidida que viverá para ser feliz.

O sorriso de Ediolinda é incômodo constante à vizinhança triste, aos afeitos à angústia que nasce dos limites da alma, quando a força do desejo é atropelada pela dureza da realidade.

Mesmo em dias de acontecimentos trágicos, como por ocasião da morte das meninas gêmeas de Heliodora Rufino, dia em que a pequena vila de Dourado da Pedra pranteou-se de tristezas, naufragada nas causas absurdas do afogamento, Ediolinda não se desfez de sua admirável serenidade. O preto do vestido não aplacou a brancura da alma. O obscuro da morte, a frieza dos corpos das meninas, o abatimento dos rostos, a vila inteira adormecida e embrulhada nos invólucros do absurdo, menos ela. Mesmo não sendo indiferente ao coletivo desespero, Ediolinda manteve no rosto um sorriso brando, calmante e terno.

Fico intrigada com o modo como ela ajeita as desordens do mundo dentro da alma. Pudera eu também ser assim! Perco o prumo por tão pouco. Desvio-me da felicidade por qualquer sopro de vento. Amarguro-me por mínimas razões, perco o sono, perco a paz. Não tenho todas as graças de Ediolinda. Não tenho seu riso, não tenho sua aura, nem suas esperanças.

Entre ela e mim paira uma distância que não há ponte que possa vencer. Não há estradas que possam me levar à condição humana dessa mulher tão memorável. Será que Ediolinda é o resultado de uma evolução humana a que estamos todos destinados? Será ela uma presença profética, antecipação no tempo de tudo aquilo que esperamos encontrar na eternidade? Não sei, nem espero saber. Ediolinda é tão indecifrável quanto os segredos do mundo.